메시지 | 잠언

THE MESSAGE: Proverbs

Eugene H. Peterson

The MESSAGE

잠언

유진 피터슨

복 있는 사람

메시지 | 잠언

2019년 6월 20일 초판 1쇄 발행
2024년 12월 30일 초판 16쇄 발행

지은이 유진 피터슨
옮긴이 김순현 윤종석 이종태
감수자 김회권
펴낸이 박종현

(주) 복 있는 사람
주소 서울특별시 마포구 연남동 246-21 (성미산로23길 26-6)
전화 02-723-7183(편집), 7734(영업·마케팅) 팩스 02-723-7184
이메일 hismessage@naver.com
등록 1998년 1월 19일 제1-2280호

ISBN 978-89-6360-300-1 00230

이 도서의 국립중앙도서관 출판예정도서목록(CIP)은 서지정보유통지원시스템 홈페이지(http://seoji.nl.go.kr)와 국가자료공동목록시스템(http://www.nl.go.kr/kolisnet)에서 이용하실 수 있습니다. (CIP 제어번호: 2019021757)

THE MESSAGE: Proverbs
by Eugene H. Peterson

차례

일러두기

- 유진 피터슨의 『메시지』 영어 원문을 번역하면서, 한국 교회의 실정과 환경을 고려하여 『메시지』 한글 번역본의 극히 일부분을 의역하거나 문장과 용어를 바꾸었다.

- 유진 피터슨은 『메시지』 영어 원문에서, 유일무이한 하나님의 인격적 이름을 주(LORD) 대신에 대문자 GOD로 번역했다. 따라서 『메시지』 한국어판은 많은 논의와 신학 감수를 거쳐, 원저자의 의도를 반영해 '주'(LORD) 대신에 강조체 '**하나님**'(GOD)으로 표기했다.

- 지명, 인명은 대한성서공회에서 발행한 「개역개정」「새번역」 성경의 원칙을 따랐다.

『메시지』를 읽는 독자에게

『메시지』에 독특한 점이 있다면, 현직 목사가 그 본문을 다듬었기 때문일 것이다. 나는 성경의 메시지를 내가 섬기는 사람들의 삶 속에 들여놓는 것을 내게 주어진 일차적 책임으로 받아들이고 성인 인생의 대부분을 살아왔다. 강단과 교단, 가정 성경공부와 산상수련회에서 그 일을 했고, 병원과 양로원에서 대화하면서, 주방에서 커피를 마시고 바닷가를 거닐면서 그 일을 했다. 『메시지』는 40년간의 목회 사역이라는 토양에서 자라난 열매다.

인간의 삶을 만들고 변화시키는 하나님의 말씀은, 내가 『메시지』 작업을 하는 동안 정말로 사람들의 삶을 만들고 변화시켰다. 우리 교회와 공동체라는 토양에 심겨진 말씀의 씨앗은, 싹을 틔우고 자라서 열매를 맺었다. 현재의 『메시지』를 작업할 무렵에는, 내가 수확기의 과수원을 누비며 무성한 가지에서 잘 영근 사과며 복숭아며 자두를 따고 있다는 기분이 들곤 했다. 놀랍게도 성경에는, 내가 목회하는 성도며 죄인인 사람들이 살아 낼 수 없는 말씀, 이 나라와 문화 속에서 진리로 확증되지 않는 말씀이 단 한 페이지도 없었다.

8

내가 처음부터 목사였던 것은 아니다. 원래 나는 교사의 길에 들어서서, 몇 년간 신학교에서 성경 원어인 히브리어와 그리스어를 가르쳤다. 남은 평생을 교수와 학자로 가르치고 집필하고 연구하며 살겠거니 생각했었다. 그러다 갑자기 직업을 바꾸어 교회 목회를 맡게 되었다.

뛰어들고 보니, 교회는 전혀 다른 세계였다. 제일 먼저 눈에 띈 차이는, 아무도 성경에 별로 관심이 없어 보인다는 점이었다. 얼마 전까지만 해도, 사람들은 내게 돈을 내면서까지 성경을 가르쳐 달라고 했는데 말이다. 내가 새로 섬기게 된 사람들 중 다수는, 사실 성경에 대해 아무것도 몰랐다. 성경을 읽은 적도 없었고, 배우려는 마음조차 없었다. 성경을 몇 년씩 읽어 온 사람들도 많았지만, 그들에게 성경은 너무 익숙해서 무미건조하고 진부한 말로 전락해 있었다. 그들은 지루함을 느낀 나머지 성경을 제쳐 둔 상태였다. 그 양쪽 사이에 있는 사람은 많지 않았다. 내가 가장 중요하게 여긴 일은, 성경 말씀을 그 사람들의 머리와 가슴 속에 들여놓아서, 성경의 메시지가 그들의 삶이 되게 하는 것이었다. 그러나 거기에 관심을 갖는 사람은 거의 없었다. 신문과 잡지, 영화와 소설이 그들 입맛에 더 맞았다.

결국 나는, 바로 그 사람들에게 성경의 메시지를 듣게—정말로 듣게—해주는 일을 내 평생의 본분으로 삼게 되었다. 그것이야말로 확실히 나를 위해 예비된 일이었다.

나는 성경의 세계와 오늘의 세계라는 두 언어 세계에 살

고 있었다. 나는 언제나 그 두 세계가 같은 세계인 줄 알았
다. 그러나 사람들은 그렇게 보지 않았다. 나는 어쩔 수 없
이 "번역가"(당시에는 그런 표현을 쓰지 않았지만)가 되었다.
날마다 그 두 세계의 접경에 서서, 하나님이 우리를 창조하
시고 구원하시고 치유하시고 복 주시고 심판하시고 다스리
실 때 쓰시는 성경의 언어를, 우리가 잡담하고 이야기하고
길을 알려 주고 사업하고 노래 부르고 자녀에게 말할 때 쓰
는 오늘의 언어로 옮긴 것이다.

그렇게 하는 동안, 성경의 원어―강력하고 생생한 히브
리어와 그리스어―는 끊임없이 내 설교의 물밑에서 작용했
다. 성경의 원어는 단어와 문장을 힘 있고 예리하게 해주고,
내가 섬기는 사람들의 상상력을 넓혀 주었다. 그래서 오늘
의 언어 속에서 성경의 언어를 듣고, 성경의 언어 속에서 오
늘의 언어를 들을 수 있게 해주었다.

나는 30년간 한 교회에서 그 일을 했다. 그러던 어느 날
(1990년 4월 30일이었다), 한 편집자가 내게 편지를 보내 왔
다. 그동안 내가 목사로서 해온 일의 연장선에서 새로운 성
경 번역본을 집필해 달라는 청탁의 편지였다. 나는 수락했
다. 그 후 10년은 수확기였다. 그 열매가 바로 『메시지』다.

『메시지』는 읽는 성경이다. 기존의 탁월한 주석성경을 대
체하기 위한 것이 아니다. 내 취지는 간단하다. (일찍이 우
리 교회와 공동체에서도 그랬듯이) 성경이 충분히 읽을 수 있
는 책이라는 사실을 모르는 사람들에게 성경을 읽게 해주

고, 성경에 관심을 잃은 지 오래된 사람들에게 성경을 다시 읽게 해주는 것이다. 그렇다고 굳이 내용을 쉽게 하지는 않았다. 성경에는 이해하기 어려운 부분도 많이 있다. 그래서 『메시지』를 읽다 보면, 더 깊은 연구에 도움이 될 주석성경을 구하는 일이 조만간 중요하게 여겨질 것이다. 그때까지는, 일상을 살기 위해 읽으라. 읽으면서 이렇게 기도하라. "하나님, 말씀하신 대로 내게 이루어지기를 원합니다."

유진 피터슨

잠언 | 머리말

많은 사람들은 성경에 주로 천국 가는 방법, 즉 하나님과 올바른 관계를 맺고 영혼의 구원을 받는 법이 적혀 있는 줄 안다. 물론 그런 내용도 있지만 그것이 전부는 아니다. 성경은 이 세상에서의 삶, 곧 올바르고 건전하게 사는 일에도 똑같이 관심을 갖는다. 성경의 일차적 관심사가 천국이고 이 세상은 거기 딸린 군더더기인 것이 아니다. 예수께서는 "하늘에서처럼 땅에서도 가장 선한 것을 행하소서"라고 기도할 것을 명하셨다.

"지혜"는 "하늘에서처럼 땅에서도 가장 선한 일을 행하는" 일상의 삶을 가리키는 성경적 용어다. 지혜는 우리가 어떤 상황에 처하든지 그 안에서 잘 살아가는 삶의 기술이다. 지혜는 정보나 지식과는 사실상 아무 관련이 없고, 학위도 지혜를 보증하지 못한다. 지혜가 우리에게 도덕적으로 큰 영향을 끼치는 것은 사실이지만, 우리가 도덕적 진흙탕에 빠지지 않도록 막아 주는 것이 지혜의 일차적 관심사는 아니다. 잠언 4:18-19은 "올곧게 사는 이들의 길은 환히 빛나서 그들이 오래 살수록 더 밝게 빛나지만, 못된 자들의 길은 점점 더 어두워져서 지나가다가 아무것도 보지 못해 바다에 고꾸라진다"고 말한다.

지혜에 힘입을 때 우리는 부모를 공경하고, 자녀를 양육하고, 재정을 관리하고, 성생활을 영위하고, 일터에 나가고, 리더십을 발휘하고, 바른 말을 쓰고, 친구들을 친절하게 대하고, 건강하게 먹고 마시고, 마음을 다스려 내적 평안을 누리고, 타인들과 사이좋게 지내 평화에 보탬이 되는 일을 잘 감당할 수 있게 된다. 성경에는 이 모든 일 가운데 하나님을 어떻게 생각하고 하나님께 어떻게 반응하는가, 이것이 가장 중요하다는 주장이 담겨 있다.

온 마음으로 하나님을 신뢰하고
무슨 일이든 네 멋대로 이해하려 들지 마라.
무슨 일을 하든, 어디로 가든, 하나님의 음성에 귀 기울여라.
그분께서 네 길을 바르게 인도하실 것이다.
다 아는 체하지 마라.
하나님께로 달려가라! 악을 피해 도망쳐라!
그러면 네 몸에 건강미가 넘칠 것이고
네 뼈 마디마디가 생명력으로 약동할 것이다!
네 모든 소유로 하나님께 영광을 돌리고
첫 열매와 가장 좋은 것을 그분께 드려라.
그러면 네 창고가 가득 차고
통에 포도주가 넘쳐흐를 것이다.

친구여, **하나님**의 징계를 억울하게 여기지 말고
그분의 자애로운 꾸지람을 언짢게 여기지 마라.
하나님은 사랑하는 자녀를 꾸짖으신다.
자식이 잘되기를 바라는 아버지의 마음이다(잠 3:5-12).

일상생활 속 그 어떤 문제도 하나님보다 우선할 수 없다.
잠언은 성경의 다른 어떤 책보다 이 부분에 집중하고 있
다. '지금 여기'에 대한 성경의 관심은 수천 쪽에 이르는 성
경 곳곳에 실린 이야기와 율법, 기도, 설교에 드러나 있다.
그 가운데 잠언은 우리가 일상에서 끊임없이 하나님께 순종
할 수 있도록 도와주는 매혹적인 이미지와 경구들의 정수를
뽑아 놓은 책이다.

잠언

솔로몬의 잠언
삶의 지침서

1

¹⁻⁶ 이것은 이스라엘의 왕이요 다윗의 아들인
솔로몬의 지혜로운 말이다.

어떻게 해야 바르게 잘살 수 있는지 가르치고

인생의 의미가 무엇이며 어디로 흘러가는지 알리려고 기록
한 말이다.

이것은 옳고 정의롭고 공평한 것이 무엇인지 알리고

세상의 이치를 모르는 이들을 가르치고

젊은이들이 현실을 파악하게 해줄

삶의 지침서다.

경험 많은 이들도 얻을 것이 있고

노련한 이들도 한두 가지 배울 것이 있을 것이다.
깊이 음미할 만한 새로운 지혜와
현인들의 슬기가 이 안에 있다.

하나님으로 시작하여라

7 **하나님**으로 시작하여라. 지식의 첫걸음은 하나님께 엎드리는 것이다.
어리석은 자들만이 지혜와 지식을 업신여긴다.

8-19 친구여, 아버지의 말씀에 귀를 기울여라.
어머니의 무릎에서 배운 것을 잊지 마라.
부모의 훈계를 머리에 쓴 화관처럼
손가락에 낀 반지처럼 간직하여라.
친구여, 나쁜 무리가 꾀더라도
따라가지 마라.
그들은 말하리라. "나가서 소란을 일으키자.
누구든 닥치는 대로 두들겨 패고 가진 것을 빼앗자.
그들을 빈털터리로 만들어
죽을 날만 기다리게 하자.
빼앗은 귀중품들을 차에 한가득 싣고
집으로 가져가게 될 거다.
같이 가자. 다시없는 기회가 될 거야!
물건은 모두 똑같이 나누게 될 거다!"

친구여, 그들을 두 번 돌아보지도 말고
한순간이라도 그들의 말을 귀담아듣지 마라.
그들은 비참한 최후를 향해 질주하고
손에 넣은 모든 것을 망치려고 내달린다.
사람들이 빤히 쳐다보는 곳에서
은행을 터는 사람이 없건만,
그들이 하는 짓이 꼭 그 꼴이다.
제 무덤을 파는 격이다.
손에 잡히는 대로 다 움켜쥘 때, 바로 이런 일이 벌어진다.
가진 것이 많아질수록, 점점 더 초라한 사람이 된다.

지혜의 외침

20-21 지혜가 거리로 나가 외친다.
시내 한복판에서 연설을 한다.
도로 한가운데 자리를 잡고
혼잡한 모퉁이에서 소리친다.

22-24 "얼간이들아! 언제까지 무지의 진창에서 뒹굴려느냐?
빈정대는 자들아! 언제까지 빈정거림만 늘어놓으려느냐?
천치들아! 언제까지 배움을 거부하려느냐?
돌아서라! 내가 너희 삶을 바로잡아 주겠다.
보아라! 내 영을 너희에게 쏟아부을 준비가 되었다.
내가 아는 것을 다 알려 줄 준비가 되었다.

너희는 내가 불렀는데도 귀를 막았고
손을 내밀었는데도 본체만체했다.

25-28 너희가 내 충고를 비웃고
내 훈계를 우습게 여기니
내가 어떻게 너희 말을 진지하게 들을 수 있겠느냐?
내가 너희에게 당한 대로 갚아 주어 너희 곤경을 농담거리
로 삼으리라!
재난이 일어나
너희 삶이 산산조각나 버리면 어찌하려느냐?
재앙이 닥쳐
돌무더기에 잿더미만 남으면 어찌하려느냐?
그때 너희는 내가 필요하여 큰소리로 나를 부를 것이다.
그러나 나는 대답하지 않을 것이다.
너희가 아무리 애타게 나를 찾아도 나를 만나지 못할 것이다.

29-33 너희가 지식을 싫어하고
하나님 경외할 줄을 모르고
내 충고를 받아들이지 않고
가르침을 주겠다는 내 제안을 모두 무시하더니
네 스스로 무덤을 팠구나. 이제 거기 누워라.
네 뜻대로 하더니, 이제 만족하느냐?
이 얼간이, 천치들아, 무슨 일이 벌어졌는지 모르겠느냐?

내 말을 무시하는 것은 죽는 길이고, 자기도취는 자살행위다.
먼저 내 말에 귀를 기울여라. 그리고 긴장을 풀어라.
그러고 나서 마음을 놓아도 좋다. 그때부터는 내가 너희를
지켜 줄 것이니."

지혜가 주는 유익

2 1-5 친구여, 내가 하는 말을 마음에 새겨라.
내 훈계를 받아들여 목숨 걸고 지켜라.
지혜의 세계에 귀를 쫑긋 세우고
분별 있게 살기로 결심하여라.
그렇다. 무엇보다 통찰력을 추구하고
그것을 얻기까지 결코 만족하지 않는다면,
금을 캐는 채굴업자와
보물찾기에 나선 탐험가처럼 그것을 찾는다면,
어느새 하나님을 경외하고
하나님 아는 지식을 얻게 될 것이다.

6-8 **하나님**은 지혜를 값없이 주시고
지식과 명철을 숨기시지 않는 분이시기에 그렇다.
그분은 제대로 사는 이들에게 상식의 보고가 되시고
꾸밈없고 성실한 이들의 보호자가 되어 주신다.
정직하게 사는 모든 이들을 주시하시고
그분께 충성하고 헌신하는 자들을 특별히 보살피신다.

⁹⁻¹⁵ 그러면 너는 참되고 공평한 것을 가려내고
모든 좋은 길을 찾아낼 수 있을 것이다!
지혜가 네 절친한 벗이 되고
지식은 유쾌한 동행자가 될 것이다.
건전한 상식이 앞서 나가 위험을 찾아내고
통찰력이 너를 빈틈없이 지켜 줄 것이다.
네가 잘못된 길로 접어들지 않도록,
길을 잃어
어디가 어딘지 모르는 자들의
엉터리 길안내를 따르지 않게
지켜 줄 것이다.
저들은 놀이하듯 악을 저지르고
못된 짓을 기념해 잔치를 연다.
그들이 다니는 길은 죄다 막다른 골목,
여기저기 둘러봐야 출구 없는 미로일 뿐이다.

¹⁶⁻¹⁹ 지혜로운 벗들이,
번드르르한 말로 유혹하는 여자에게서 너를 구해 줄 것이다.
그 여자는 여러 해 전에 결혼한 남편에 대한 신의를 저버리고
하나님 앞에서 맺은 혼인서약을 까마득히 잊은 자다.
그런 생활의 결말은 뻔하다.
걸음을 뗄 때마다 지옥에 가까워질 뿐이다.
그 여자와 어울리는 사람은 돌이키지 못하고

참된 삶으로 이어지는 길에 발을 들여놓지 못한다.

20-22 그러니 선한 이들과 어울리고
신뢰할 만한 길을 걸어라.
올곧게 행하는 사람, 정직한 이들은
이 땅에 자리 잡고 오래오래 살겠지만,
부도덕한 자들, 부정직한 자들은
목숨을 잃고 영원히 사라질 것이다.

다 아는 체하지 마라

3

1-2 친구여, 내 모든 가르침을 잊지 말고
내 계명을 마음에 새겨라.
그러면 네가 오래오래 살고
부족함 없이 잘살게 될 것이다.

3-4 사랑과 성실을 굳게 붙잡고,
그것을 네 목에 걸어라. 그 머리글자를 마음에 새겨라.
그러면 하나님과 사람에게서
잘산다는 평판을 얻게 될 것이다.

5-12 온 마음으로 **하나님**을 신뢰하고
무슨 일이든 네 멋대로 이해하려 들지 마라.
무슨 일을 하든, 어디로 가든, **하나님**의 음성에 귀 기울여라.

그분께서 네 길을 바르게 인도하실 것이다.
다 아는 체하지 마라.
하나님께로 달려가라! 악을 피해 도망쳐라!
그러면 네 몸에 건강미가 넘칠 것이고
네 뼈 마디마디가 생명력으로 약동할 것이다!
네 모든 소유로 **하나님**께 영광을 돌리고
첫 열매와 가장 좋은 것을 그분께 드려라.
그러면 네 창고가 가득 차고
통에 포도주가 넘쳐흐를 것이다.
친구여, **하나님**의 징계를 억울하게 여기지 말고
그분의 자애로운 꾸지람을 언짢게 여기지 마라.
하나님은 사랑하는 자녀를 꾸짖으신다.
자식이 잘되기를 바라는 아버지의 마음이다.

지혜의 가치

13-18 지혜를 만나고
통찰력과 친구가 되는 사람은 복이 있다.
지혜는 은행에 저축한 돈보다 훨씬 값지고
지혜와 맺은 우정은 고액연봉보다 낫다.
지혜의 가치는 온갖 화려한 장신구보다 낫고
네가 바라는 그 어떤 것보다 귀하다.
지혜는 한 손으로 장수를 베풀고
다른 손으로 상을 준다.

지혜의 방식은 훌륭하고
지혜의 세상살이는 놀라우리만치 완전하다.
지혜는 그것을 붙잡는 이들에게 참으로 생명의 나무가 된다.
지혜를 단단히 붙들어라. 그러면 복을 받을 것이다.

19-20 **하나님**은 지혜로 땅을 만드셨고
통찰력을 발휘해 하늘을 들어 올리셨다.
지혜와 통찰력은 강과 샘을 언제 솟게 하고 밤하늘의 이슬을
언제 내리게 할지 적절한 때를 안다.

외면하지 마라
21-26 친구여, 명료한 사고와 건전한 상식을 목숨 걸고 지켜
잠시라도 놓치지 마라.
그러면 네 영혼이 생기를 띨 것이다.
너는 건강과 매력을 유지할 것이다.
안전하게 다닐 것이며,
지치지 않고 발이 걸려 넘어지지도 않을 것이다.
오후에 염려 없이 낮잠을 자고
밤에도 단잠을 자게 될 것이다.
경고가 날아들고 놀랄 일이 생기고
세상 멸망이 임박했다는 예언이 있어도, 두려워할 필요가
없다.
하나님께서 네 곁에 함께하시며

너를 안전하게 지켜 주실 것이기 때문이다.

27-29 도움이 필요한 사람이 있거든 그를 외면하지 마라.
그에게는 네 손이 하나님의 손이다.
지갑에 돈이 있는데도
이웃에게 "다음에 오게" 하고 말하지 마라.
"내일 주겠네" 하고 말하지도 마라.
너를 믿고 마음 놓고 사는 이웃에게
해 끼칠 궁리를 하지 마라.

30-32 사사건건 시비조로
싸울 거리를 찾아다니지 마라.
힘으로 밀어붙이며 사는 사람이 되지 마라.
왜 불량배 노릇을 하려느냐?
너는 "왜 안되는데?" 하고 말하지만,
하나님은 심사가 뒤틀린 자들을 참지 못하신다.
그분은 올곧은 이들을 존중하신다.

33-35 **하나님**은 악한 자들의 집에는 저주를 내리시지만
의로운 이들의 집에는 복을 내려 주신다.
그분은 시건방진 회의론자들을 냉대하시고
형편이 어려운 사람을 곁에서 도우신다.
지혜롭게 살면 명예를 상으로 받고

어리석게 살면 수치를 상으로 받는다.

지혜와 명철을 구하여라

4

1-2 친구여, 아버지의 훈계를 잘 들어라.
자세를 바로 하고 주의해서 들어라.
그러면 살아갈 방도를 알게 될 것이다.
너희에게 유익한 교훈을
한 귀로 듣고 한 귀로 흘려버리지 마라.

3-9 내가 아버지 무릎에서 자라는 아이였을 때
어머니의 자랑거리이자 기쁨이었을 때,
아버지는 나를 앉혀 놓고 반복해서 말씀하셨다.
"이 가르침을 마음에 새기고 내 말대로 행하여라. 그리하면
네가 살 것이다!
모든 것을 팔아 지혜를 사거라. 명철을 찾아 나서라.
내 말을 한 마디도 잊지 말고, 거기서 한 치도 벗어나지 마라.
지혜를 외면하지 마라. 그것이 네 목숨을 지켜 줄 것이다.
지혜를 사랑하여라. 그것이 너를 돌봐 줄 것이다.
무엇보다 먼저 지혜를 얻어라!
명철을 무엇보다 귀하게 여기고 그것을 구하여라!
지혜를 껴안으라. 분명히 말하지만, 절대 후회하지 않을 것이다.
지혜를 절대 놓아 보내지 마라. 지혜 덕분에 네가 영광스

럽게 살게 될 것이다.
지혜가 네 삶에 우아한 관을 씌우고
너의 하루하루를 아름답게 장식해 줄 것이다."

악한 길로 접어들지 마라

10-15 친구여, 내 훈계를 받아들여라.
그러면 네가 오래 살 것이다.
나는 지혜로 가는 길을 정확히 안내하고
올바른 길로 가는 지도를 그린다.
나는 네가 막다른 골목에 이르거나
길을 잘못 들어 시간을 허비하기를 바라지 않는다.
유익한 교훈을 놓치지 말고 꼭 붙들어라.
그대로 잘 행하여라. 네 목숨이 거기에 달렸다!
악한 길로 접어들지 말고
아예 발도 들여놓지 마라.
그 길에서 멀찍이 떨어져
비켜 가거라.

16-17 악인들은 문제를 일으키지 않으면
마음이 편치 않고,
남을 못살게 굴지 않으면
밤에 잠을 못 잔다.
사악함은 그들의 음식이고

폭력은 그들이 고르고 고른 약이다.

18-19 올곧게 사는 이들의 길은 환히 빛나서
그들이 오래 살수록 더 밝게 빛나지만,
못된 자들의 길은 점점 더 어두워져서
지나가다가 아무것도 보지 못해 바닥에 고꾸라진다.

내 메시지를 외워라
20-22 친구여, 내 말을 잘 듣고
내 목소리에 귀를 기울여라.
내 메시지를 항상 잘 보이는 곳에 두고
거기에 집중하여라! 힘써 외워라!
이 말을 깨닫는 사람은 참으로 제대로 살고
몸과 영혼이 건강해질 것이다.

23-27 두 눈을 부릅뜨고 네 마음을 지켜라.
마음은 생명의 근원이다.
한 입으로 두말하지 말고
경솔한 농담, 악의 없는 거짓말, 잡담을 피하여라.
똑바로 앞만 쳐다보고
온갖 엉뚱한 것들에는 눈길도 주지 마라.
조심조심 걸어라.
그러면 네 앞길이 평탄하게 펼쳐질 것이다.

오른쪽으로나 왼쪽으로나 한눈팔지 말고
악으로부터 멀리 떨어져라.

네 아내를 즐거워하여라

5

1-2 친구여, 내 지혜에 주목하고
내 생각을 명심해서 들어라.
그러면 네가 건전한 판단력을 얻고
곤경에 빠지지 않게 될 것이다.

3-6 유혹하는 여자의 입술은 너무나 달콤하고
그 나긋나긋한 말은 너무나 감미롭다.
그러나 머지않아 그 여자는 네 입속의 자갈이 될 것이다.
네 창자를 아프게 하고, 네 심장에 상처를 입힐 것이다.
그 여자는 환락의 꽃길을 따라 춤추며 죽음으로 내려가고
지옥으로 가는 그 길을 너와 함께할 것이다.
그 여자는 참된 삶을 전혀 알지 못하니
자기가 누구인지, 어디로 가는지도 모른다.

7-14 그러니 친구여, 내 말을 잘 듣고
가벼이 여기지 마라.
그런 여자를 멀리하고
그 근처에 얼씬도 하지 마라.
네 멋진 인생을 허비하지 마라.

냉혹한 자들 사이에서 귀중한 인생을 낭비하지 마라.
어찌 낯선 자들에게 속아 넘어가려 하느냐?
네 인생에 관심도 없는 자들에게 이용당하려 하느냐?
너는 후회 가득한 인생을 마감하며
죄와 뼈만 남긴 채
이렇게 말하고 싶지 않을 것이다.
"아, 어쩌자고 내가 그분들의 말을 따르지 않았던가?
어쩌자고 절제된 삶을 거절했던가?
어쩌자고 스승의 가르침을 귀담아듣지 않고
가볍게 여겼던가?
내 인생이 망가지고 말았구나!
내놓을 만한 복된 것이 하나도 없구나!"

15-16 이런 격언을 아느냐? "네 빗물통의 물을 마시고
네 샘에서 솟아난 우물물을 길어 올려라."
맞는 말이다. 그렇지 않으면 어느 날 집에 돌아와
빈 물통과 오염된 우물을 보게 될 것이다.

17-20 네 샘물은 너 혼자만의 것이니,
낯선 자들과 나누지 마라.
맑은 물이 흐르는 네 샘을 복되게 하여라!
젊은 시절에 너와 결혼한 아내를 즐거워하여라!
천사처럼 사랑스럽고 장미처럼 아리따운 여인이니

언제까지고 아내의 육체에서 기쁨을 얻어라.
아내의 사랑을 결코 당연하게 여기지 마라!
어찌하여 아내와의 깊은 친밀함을 버리고
난잡하고 낯선 창녀에게서 싸구려 쾌락을 얻으려 하느냐?

21-23 **명심하여라. 하나님**은 네가 하는 일을 하나도 놓치지 않으시고
네 모든 발걸음을 아신다.
죄를 지으면 그 그림자가 너를 덮칠 것이고
너는 어둠 속에서 고꾸라질 것이다.
무절제하게 살면 죽음을 상으로 받고,
어리석은 결정을 내리면 막다른 길에 빠져 옴짝달싹 못하게
될 것이다.

6

1-5 친구여, 네가 이웃의 보증을 서거나
낯선 자와의 거래에 꼼짝없이 말려들었다면,
겉옷이라도 벗어 주겠다고 충동적으로 약속했다가
이제 바깥 추운 데서 와들와들 떠는 신세가 되었다면,
친구여, 한시도 허비하지 말고 궁지에서 벗어나라.
너는 그 사람의 손아귀에 사로잡혔다!
침통한 얼굴로 찾아가 절박한 사정을 호소하여라.
허비할 시간이 없으니

지체하지 마라.
사슴이 사냥꾼의 손에서 벗어나듯 달아나라.
새가 덫을 놓는 자의 손에서 벗어나듯 날아가라!

개미에게서 배워라

6-11 게으르고 어리석은 자여, 개미를 보아라.
개미를 자세히 지켜보고 한 수 배워라.
아무도 할 일을 일러 주지 않지만,
개미는 여름내 먹이를 마련하고
추수철에 양식을 비축한다.
너는 언제까지 하는 일 없이 빈둥거리려느냐?
언제 잠자리에서 일어나려느냐?
"여기서도 자고, 저기서도 자자. 여기서도 하루 쉬고, 저기
서도 하루 쉬자.
편히 앉아 느긋하게 쉬자"하면 무슨 일이 닥치는지 아느냐?
바랄 것은 단 하나, 찢어지게 가난한 생활뿐이다.
가난이 네 영원한 식객이 된다!

12-15 쓰레기 같은 인간과 악당들은
한 입으로 두말한다.
서로 눈짓을 교환하며 발을 질질 끌면서
지킬 마음도 없는 거짓 약속을 일삼는다.
그들의 사악한 마음은 끊임없이 고약한 일을 꾸미고

언제나 말썽을 일으킨다.
머지않아 그들에게 재앙이 닥치면
완전히 파멸하고 망해서 회복되지 못하리라.

하나님이 미워하시는 일곱 가지

16-19 여기 **하나님**이 미워하시는 여섯 가지가 있고,
그분이 몹시 싫어하시는 한 가지가 더 있다.

거만한 눈
거짓말하는 혀
죄 없는 사람을 살해하는 손
흉계를 꾸미는 마음
악한 길로 급히 달려가는 발
거짓 증언하는 증인의 입
집안에서 분쟁을 일으키는 자.

부도덕에 대한 경고

20-23 착한 친구여, 아버지의 유익한 훈계를 따르고
어머니의 가르침에서 벗어나지 마라.
그것을 머리에서 발끝까지 휘감고
스카프처럼 목에 둘러라.
네가 어디로 가든지 그것이 너를 안내하고
어디서 자든지 너를 지켜 주며,

잠에서 깨면 다음에 할 일을 알려 줄 것이다.
건전한 훈계는 횃불이고
유익한 가르침은 빛이다.
도덕적 훈계는 생명의 길이다.

24-35 그것이 네가 방탕한 여인들에게 빠지지 않고
유혹하는 여자의 호리는 말에 넘어가지 않게 지켜 줄 것이다.
그런 여자의 아름다움을 탐내지 말고
욕정 어린 눈길에 홀리지 마라.
빵 한 덩이로 매춘부와 한 시간을 보낼 수 있지만
방탕한 여자는 너를 산 채로 삼킬 수 있다.
무릎 위에서 불을 지피는데
바지가 타지 않을 도리가 있느냐?
활활 타는 숯불 위를 맨발로 걷는데
물집이 생기지 않을 재간이 있겠느냐?
이웃의 아내와 잠자리를 같이하는 사람의 처지가 이와 같다.
그는 대가를 치르게 될 것이다. 어떤 핑계도 통하지 않을 것
이다.
배고픔은
도둑질의 구실이 될 수 없다.
훔치다 걸리면 전 재산이 들더라도
훔친 것을 갚아야 한다.
간통은 정신 나간 짓이다.

영혼을 파괴하고 자기를 망가뜨리는 짓이다.
코피가 나고 눈은 멍들고
체면이 땅에 떨어진 네 모습을 생각해 보아라.
배신당한 남편은 질투에 사로잡혀 분노를 터뜨릴 것이다.
복수하겠다고 날뛰면서 조금도 사정을 봐주지 않을 것이다.
무슨 말을 해도, 어떤 보상을 해도 소용이 없다.
뇌물도 설득도 통하지 않을 것이다.

유혹하는 여자에게서 벗어나라

7

1-5 친구여, 내 말을 따르고
내 신중한 가르침을 간직하여라.
내 말대로 행하면 잘살게 될 것이다.
내 가르침은 네 시력만큼 귀하니 잘 지켜라!
그것을 네 손바닥에 적고
심장의 두 심실에 새겨라.
누이를 대하듯 지혜에게 말을 걸고
동무를 대하듯 통찰력을 대하여라.
그것이 유혹하는 여자를 막아 주고
달콤한 말로 나긋나긋 호리는 여자에게서 벗어나게 할 것이다.

6-12 나는 우리 집 창가에서
덧문 사이로 내다보았다.
무심한 군중 사이로

정신 나간 젊은이 하나가 보였다.
그는 그 여자가 사는 거리 모퉁이에 이르더니
그 집으로 가는 길로 접어들었다.
저녁이 깊어 땅거미가 내리고
어둠이 짙어져 밤이 되었다.
바로 그때, 한 여자가 그에게 다가왔다.
그 여자는 유혹하는 옷차림을 하고서 그를 기다리고 있었다.
뻔뻔하고 자신만만한 그 여자는
차분하게 집에 붙어 있지 못하고 늘 돌아다녔다.
거리를 다니고 시장을 다니고
시내의 골목이란 골목을 모두 누볐다.

13-20 그 여자는 그를 부둥켜안고 입 맞추더니
대담하게 그의 팔을 붙잡고 말했다.
"잔치에 필요한 물건을 다 마련해 놓았어요.
오늘 나는 제물을 바쳤고 서원한 것을 모두 이행했어요.
그래서 당신 얼굴이라도 볼 수 있을까 싶어
나왔는데, 여기 계셨군요!
내 침대에는 새로 산 깔끔한 요와
외국에서 들여온 화려한 이불을 깔아 놓았어요.
향수를 뿌려 놓아
좋은 향기가 가득해요.
자, 어서 가서 밤새 사랑을 나누어요.

황홀한 밤이 될 거예요!
남편은 집에 없어요. 출장을 갔거든요.
한 달 뒤에나 돌아올 거예요."

21-23 젊은이는 그 여자의 달콤한 말에 홀려 버렸다.
어느새 여자 꽁무니를 뒤쫓는데,
그 모습이 도살장으로 끌려가는 송아지 같았다.
숨어 있던 사냥꾼의 유인에 걸려들어 화살을 맞은 수사슴이요,
하늘과 작별인사도 못한 채
무작정 그물로 날아드는 새 같았다.

24-27 친구여, 내 말을 명심하고
단단히 새겨들어라.
그런 여자와 놀아나지 마라.
그 집 근처에는 얼씬도 마라.
그 여자에게 홀려 희생된 사람이 셀 수 없이 많다.
그 여자는 가엾은 남자들을 수없이 죽였다.
그 여자는 지옥으로 가는 길 중간에 살면서,
네 몫의 수의와 관을 마련한다.

지혜가 큰소리로 외친다

8 1-11 지혜가 부르는 소리가 들리느냐?
통찰력의 외침이 들리느냐?

가장 번화한 교차로
중심가에 자리 잡고 서 있구나.
교통량이 가장 많은
도시의 광장에서 외치는구나!
"거리에 나온 너희에게,
너희 모두에게 말한다!
잘 들어라, 미련한 자들아, 건전한 상식을 배워라!
어리석은 자들아, 처신을 똑바로 하여라!
제대로 사는 법, 최상의 모습으로 사는 법을 일러 줄 테니
한 마디도 놓치지 마라.
내 입은 진실만 씹고 맛보고 즐긴다.
악의 맛은 참을 수가 없다!
내 입에는 참되고 바른 말만 있다.
왜곡되거나 비뚤어진 말은 한 마디도 없다.
마음을 열고 들으면 내 말이 참되다는 것을 알게 될 것이다.
진실을 받아들일 준비가 된 사람은 단번에 알아볼 것이다.
돈보다 나의 생생한 훈계를 택하고
벌이가 좋은 직업보다 하나님을 아는 지식을 택하여라.
지혜는 온갖 화려한 장신구보다 낫고
너희가 바라는 그 어떤 것보다 귀하다.

12-21 나는 지혜다. 분별이 나의 옆집에 살고
지식과 신중함이 같은 동네에 산다.

하나님을 경외하는 것은 악을 미워하는 것이다.

나는 악이 드러나는 여러 방식, 곧 교만과 오만과 거짓된 말을
지독히 싫어한다.

유익한 조언과 건전한 상식은 나의 주특기.

나는 통찰력인 동시에 그것을 실천할 수 있는 힘이다.

내 도움으로 지도자들이 다스리고

입법자들이 공정한 법을 제정한다.

내 도움으로 통치자들이 통치하고

적법한 권한을 행사한다.

나는 나를 사랑하는 자들을 사랑하며

나를 찾는 이를 만나 준다.

부와 영광이 나와 함께하고

명예와 명성이 나와 동행한다.

내가 주는 이득은 고액연봉보다 더 값지다.

내게서 얻을 수 있는 수익은 상상을 초월한다.

너희는 의의 길에서 나를 만날 수 있다. 내가 다니는 길이다.

나는 정의의 대로 한복판에서

나를 사랑하는 이들에게 생명을 나누어 준다.

두 팔에 한가득 생명을 안겨 준다!

22-31 **하나님**은 모든 일에 앞서
주권적으로 나를 만드셨다. 나는 하나님의 첫 작품, 근본 작
품이다.

나는 오래전,
땅이 시작되기도 전에 생겨났다.
바다가 생겨나기 전, 샘과 강과 호수가 생겨나기 전에
세상에 등장했다.
산들이 조각되고 언덕들이 모양을 갖추기 전에
나는 이미 태어나 존재하고 있었다.
하나님께서 지평선을 활짝 펼치시고
토양과 날씨의 세세한 부분까지 챙기시며,
하늘을 든든히 제자리에 두시기 오래전에
내가 거기 있었다.
그분이 바다 둘레에 경계를 정하시고
광대한 하늘을 조성하시며
바다의 샘들을 만드셨을 때,
그분이 바다에 경계선을 그으시고
'진입금지' 푯말을 세우신 다음
땅의 기초를 놓으셨을 때,
나는 그분과 함께 있으면서 모든 것이 제자리를 잡게 했다.
나는 날마다 거기 있으면서 기쁨의 손뼉을 치고
그분과 함께 있는 것을 즐거워했다.
사물들, 생물들과 함께
인간 가족의 탄생을 기쁨으로 축하했다.

³²⁻³⁶ 그러니 친구들이여, 잘 들어라.

내 길을 따르는 이들은 가장 복된 자들이다.
절제된 생활에 주목하고 지혜롭게 살아라.
네 소중한 인생을 허비하지 마라.
내 말을 듣는 이,
아침마다 깨어나 나를 맞이하는 이,
하루 일과를 시작하는 내게 정신을 바짝 차리고 반응하는
이는 복이 있다.
나를 만나는 이는 참 생명을 얻고
하나님의 기뻐하심을 얻는다.
그러나 나를 무시하는 자는 자기 영혼을 해친다.
나를 거절하면 죽음과 불장난을 하게 된다.”

지혜가 잔치를 연다

9 1-6 지혜가 일곱 기둥을 깎아 세워
집을 짓고 가구를 들였다.
잔치 음식을 준비했다. 양고기를 굽고
포도주를 따르고 은식기와 꽃으로 식탁을 차렸다.
여종들은 물러가게 한 다음
직접 시내로 가 눈에 잘 띄는 곳에 서서
그의 목소리를 듣는 모든 사람을 초대한다.
“사는 게 혼란스럽냐? 뭐가 어떻게 돌아가는지 모르겠느냐?
나와 함께 가자. 함께 만찬을 들자!
갓 구운 빵, 구운 양고기, 고르고 고른 포도주로

근사한 식탁을 차려 놓았다.
무기력한 혼란을 떨치고 생명의 길,
의미 있는 삶의 길을 걸어가라."

✽

7-12 오만하게 빈정대는 자를 타이르면 **뺨**을 맞고
못된 행동을 지적하면 정강이를 걷어차일 것이다.
그러니 비웃는 자에게 시간을 낭비하지 마라.
수고의 대가로 욕만 먹게 될 것이다.
그러나 인생을 귀하게 여기는 사람을 꾸짖는 것은 다르다.
그들은 그 보답으로 너를 사랑할 것이다.
지혜로운 사람들에게만 훈계를 해라. 그들이 더 지혜로워질
것이다.
네가 아는 바를 선한 사람들에게 말해 주어라. 그들이 유익
을 얻을 것이다.
삶의 진수는 **하나님**을 경외하는 것에서 시작된다.
인생에 대한 통찰력은 거룩하신 하나님을 아는 데서 나온다.
지혜를 통해 인생에 깊이가 더해지고
성숙한 나날이 펼쳐진다.
지혜롭게 살면 지혜가 네 삶에 스며들 것이다.
삶을 무시하면 삶 또한 너를 무시할 것이다.

매춘부도 큰소리로 외친다

13-18 이번에는 뻔뻔하고 머리가 텅 빈 경박한 여자,

매춘부가 등장하는구나.

그 여자는 시내 중심가에 있는

자기 집 문 앞에 앉아

제 길 가는 사람들에게

큰소리로 외친다.

"사는 게 혼란스러운가요? 뭐가 어떻게 돌아가는지 모르겠

어요?

나와 함께 달아나요. 좋은 시간 보내게 해줄게요!

아무도 모를 거예요. 최고의 시간을 안겨 줄게요."

그러나 사람들은 모른다. 그 여자의 벽장에 해골이 가득한

것을.

그 여자를 찾아간 자들이 모두 지옥에 떨어졌다는 것을.

솔로몬의 잠언
정직한 삶은 영원히 남는다

10

¹ 지혜로운 아들은 아버지를 흐뭇하게 하지만
어리석은 아들은 어머니를 슬프게 한다.

² 부정하게 모은 재산은 쓸모가 없지만

정직한 삶은 영원히 남는다.

³ **하나님**은 정직한 사람을 굶기지 않으시고
악인의 탐욕을 물리치신다.

⁴ 게으르면 가난해지고
부지런하면 부유해진다.

⁵ 해가 떠 있을 때 건초를 말리는 것은 영리한 일이지만
추수철에 낚시하러 가는 것은 어리석은 일이다.

⁶ 선하고 정직하게 사는 자는 복을 부르지만
악인의 입은 독설이 가득한 어두운 동굴이다.

⁷ 선하고 정직하게 살면 칭찬을 받고 기억되지만
사악하게 살면 썩은 내만 남는다.

⁸ 마음이 지혜로운 이는 명령을 따르지만
머리가 텅 빈 자는 어려움을 겪는다.

⁹ 정직하면 당당하고 근심 없이 살지만
구린 짓은 언제가 드러나기 마련이다.

¹⁰ 시선을 피하는 것은 문제가 생길 조짐이다.
마음을 열고 얼굴을 마주 보아야 평화가 찾아온다.

¹¹ 선한 사람의 입은 생명을 주는 깊은 우물이지만
악한 사람의 입은 독설이 가득한 어두운 동굴이다.

¹² 미움은 싸움을 일으키지만
사랑은 다툼을 덮어 준다.

¹³ 통찰력 있는 사람의 입술에는 지혜가 있지만
시야가 좁은 사람은 따귀를 맞아야 정신을 차린다.

¹⁴ 지혜로운 사람이 쌓은 지식은 참된 보물이지만
다 아는 체하는 사람의 말은 쓰레기일 뿐이다.

절제된 삶은 생명에 이르는 길이다

¹⁵ 부자의 재산은 그의 견고한 성이지만
궁핍한 자의 가난은 그를 망하게 한다.

¹⁶ 선한 사람은 활기 넘치는 삶을 보상으로 받지만
악한 사람에게 남는 것은 죄뿐이다.

¹⁷ 절제된 삶은 생명에 이르는 길이고
책망을 무시하면 영원히 길을 잃게 된다.

¹⁸ 거짓말쟁이들은 미움을 쌓고

미련한 자들은 대놓고 험담을 퍼뜨린다.

19 말이 많을수록 진실은 적어진다.
지혜로운 사람은 말을 가려서 한다.

20 선한 사람의 말은 기다려서 들어 볼 만하지만
악한 사람의 지껄임은 아무 쓸모가 없다.

21 선한 사람의 말은 많은 이들에게 진수성찬이 되지만
말만 많은 사람은 허전한 마음을 주체하지 못하고 죽는다.

하나님을 경외하면 오래 산다
22 사람은 **하나님**의 복으로 부자가 되지만
사람이 하는 일은 하나님께 보탬이 될 수 없다.

23 머리가 빈 사람은 못된 짓이 재미있다고 생각하지만
생각이 있는 사람은 지혜를 소중히 여긴다.

24 악한 사람의 악몽은 현실이 되고
선한 사람은 바라는 것을 얻는다.

25 폭풍이 지나가면 악한 사람에게는 남는 것이 없지만
선한 사람은 반석 같은 기초 위에 굳건히 서서 꿈쩍도 하지

않는다.

26 게으른 직원은 고용주에게 골칫거리니
이에 식초 같고, 눈에 연기 같다.

27 **하나님**을 경외하면 오래 살지만
악하게 살면 얼마 살지 못한다.

28 선한 사람의 희망은 이루어지지만
악한 사람의 야망은 무너진다.

29 **하나님**은 올바로 사는 이에게 든든한 버팀목이 되시지만
비열한 행위는 두고 보지 않으신다.

30 선한 사람은 오래 살고 흔들리지 않지만
악한 사람은 오늘 살아 있어도 내일이면 사라지고 없다.

31 선한 사람의 입은 지혜가 솟아나는 맑은 샘이지만
악한 사람의 더러운 입은 고인 늪이다.

32 선한 사람의 말은 공기를 맑게 하지만
악한 사람의 말은 공기를 오염시킨다.

11

¹ **하나님**은 시장에서 속이는 짓을 미워하시고
공정한 거래를 좋아하신다.

² 거만한 사람은 꼴사납게 고꾸라지지만
겸손한 사람은 굳건히 선다.

³ 정직하고 청렴한 사람은 길을 잃지 않지만
사기꾼은 속임수를 쓰다가 망한다.

⁴ 죽을 상황 앞에서는 두툼한 지폐다발도 아무 소용 없지만
원칙을 지키고 살면 최악의 상황이라도 감당할 수 있다.

⁵ 바르게 살면 앞길이 평탄하지만
악하게 살면 인생이 고단하다.

⁶ 훌륭한 인격은 최고의 보험이지만
사기꾼은 자기의 악한 탐욕에 걸려 넘어진다.

⁷ 악인이 죽으면 그것으로 끝이다.
희망도 사라지고 더 이상 아무것도 없다.

⁸ 착한 사람은 큰 어려움에서 건짐을 받지만
나쁜 사람은 그리로 곧장 달려간다.

⁹ 하나님을 저버린 사람은 함부로 혀를 놀려 이웃을 해치지만
하나님을 경외하는 사람은 상식을 발휘해 자신을 보호한다.

¹⁰ 착한 사람이 잘되면 온 마을이 환호하고
나쁜 사람이 잘못되면 온 마을이 축하한다.

¹¹ 바르게 사는 사람이 축복하는 도시는 번성하지만
악담은 그곳을 금세 유령도시로 만든다.

¹² 냉혹한 사람은 비열한 비방을 일삼지만
분별력 있는 사람은 신중하게 입을 다문다.

¹³ 험담하며 돌아다니는 사람에게는 비밀을 털어놓을 수 없지만
진실한 사람은 비밀을 누설하지 않는다.

¹⁴ 제대로 이끌어 주지 않으면 사람들이 길을 잃지만
지혜로운 충고를 따를수록 성공할 확률은 높아진다.

¹⁵ 모르는 사람들과 거래하면 속기 마련이지만
냉철함을 잃지 않으면 경솔한 거래를 피한다.

¹⁶ 너그럽고 품위 있는 여자는 존경을 받지만
거칠고 난폭한 남자가 얻는 것은 약탈품뿐이다.

¹⁷ 남을 친절히 대하면 자기도 잘되지만
남을 모질게 대하면 자기도 다친다.

¹⁸ 악행의 대가는 부도수표지만
선행에는 확실한 보상이 따른다.

¹⁹ 하나님께 충성하는 공동체와 한편이 되어 살든지
사악한 망상을 좇다가 죽든지, 하나를 택하여라.

²⁰ **하나님**은 사기꾼들을 참지 못하시지만
진실한 이들은 너무나 좋아하신다.

²¹ 악인들은 벌을 면치 못하고
하나님께 충성하는 사람들은 승리를 거둔다.

²² 머리가 빈 여자의 아름다운 얼굴은
돼지코에 금고리 격이다.

²³ 선한 사람의 소원은 가장 좋은 방식으로 이루어지지만
악한 사람의 야망은 분노와 좌절로 끝난다.

²⁴ 관대한 사람의 세상은 점점 넓어지지만
인색한 사람의 세상은 갈수록 좁아진다.

²⁵ 남을 축복하는 이는 자기도 풍성히 복을 받고
남을 돕는 이는 자기도 도움을 받는다.

²⁶ 남에게 불공정한 거래를 강요하는 자에게 저주를!
공정하고 정직하게 거래하는 모든 이에게 축복을!

²⁷ 선을 추구하는 이는 기쁨을 얻지만
악을 배우는 자는 불행해진다.

²⁸ 재산에 목매는 삶은 죽은 나뭇등걸과 같고
하나님 닮은 삶은 무성한 나무와 같다.

²⁹ 자기 가족을 착취하거나 학대하는 자의 손에 남는 것은
한 줌 바람뿐.
상식의 소리를 들어 보아라. 그런 삶이 얼마나 어리석은지.

³⁰ 착한 삶은 열매 맺는 나무이지만
난폭한 삶은 영혼을 파괴한다.

³¹ 착한 사람도 간신히 관문을 통과한다면
나쁜 사람에게는 무엇이 기다리겠느냐!

배움을 사랑하면

12

¹ 배움을 사랑하면 그에 따라오는 훈계도 사랑할 것이다.
책망을 거부하는 것은 어리석은 일이다!

² 선한 사람은 **하나님**의 기뻐하심을 누리고
흉계를 꾸미는 자들과 어울리지 않는다.

³ 늪에는 단단히 발 디딜 데가 없지만
하나님께 뿌리내리면 굳건히 선다.

⁴ 마음이 따뜻한 아내는 남편을 기운 나게 하지만
마음이 차가운 여자는 뼛속의 암과 같다.

⁵ 원칙에 충실한 이들의 생각은 정의에 보탬이 되지만
타락한 자들의 음모는 결국 와해된다.

⁶ 사악한 자들의 말은 사람을 죽이지만
올바른 이들의 말은 사람을 살린다.

⁷ 악한 사람들은 뿔뿔이 흩어져 흔적도 없게 되지만
선한 사람들은 함께 뭉친다.

⁸ 이치에 닿게 말하는 사람은 존경을 받지만
멍청이들은 멸시를 받는다.

⁹ 평범하게 생계를 꾸리며 사는 것이
대단한 인물 행세를 하다가 굶어 죽는 것보다 낫다.

¹⁰ 착한 사람들은 기르는 짐승을 잘 돌보지만
나쁜 사람들은 "잘 대해 준다"며 집짐승을 발로 차고 학대
한다.

¹¹ 일터에 계속 남아 있으면 양식이 끊어지지 않지만
어리석은 자는 일시적 기분과 몽상을 좇는다.

¹² 악인들이 세운 것은 끝내 폐허가 되지만
의인들의 뿌리는 많은 생명의 열매를 맺는다.

지혜로운 사람은 충고를 받아들인다
¹³ 나쁜 사람들은 험담으로 곤경에 처하지만
착한 사람들은 대화를 나눔으로 곤경에서 벗어난다.

¹⁴ 말을 잘하면 만족을 얻고
일을 잘하면 보상이 따른다.

¹⁵ 미련한 사람은 고집을 부리며 제멋대로 행동하지만
지혜로운 사람은 충고를 받아들인다.

¹⁶ 어리석은 사람은 참을 줄 모르고 금세 울화통을 터뜨리지만
신중한 사람은 모욕을 당해도 가만히 떨쳐 버린다.

¹⁷ 선한 사람은 진실한 증언으로 의혹을 일소하지만
거짓말쟁이는 속임수로 연막을 친다.

¹⁸ 무분별한 말은 난도질로 상처를 주지만
지혜로운 사람의 말은 상처를 아물게 한다.

¹⁹ 진실은 길이 남고
거짓은 오늘 있다가도 내일이면 사라진다.

²⁰ 흉계를 꾸미는 자는 흉계 때문에 비뚤어지고
평화를 도모하는 이는 그로 인해 기쁨을 얻는다.

²¹ 선한 사람은 해를 입지 않지만
악한 사람에게는 재앙이 끊이지 않는다.

²² 하나님은 거짓말쟁이를 용납하지 않으시고
자기 말을 지키는 이는 사랑하신다.

²³ 신중한 사람들은 지식을 과시하지 않지만
말 많은 바보들은 제 어리석음을 광고하고 다닌다.

²⁴ 부지런한 이들은 일을 하며 자유를 만끽하지만
게으른 자들은 일의 압박을 받는다.

²⁵ 걱정은 우리를 짓누르지만
격려의 말은 기운을 돋우어 준다.

²⁶ 선한 사람은 불행을 당해도 일어서지만
악하게 살면 재앙을 자초한다.

²⁷ 게으른 사람은 되는 일이 없지만
일찍 일어나는 사람은 일을 끝낸다.

²⁸ 선한 사람은 생명으로 직행하지만
죄의 길을 따라가는 사람은 지옥으로 직행한다.

지혜로운 이와 동행하여라

13

¹ 똑똑한 아이는 부모의 말에 귀 기울이지만
어리석은 아이는 제멋대로 한다.

² 선한 사람은 유익한 대화를 좋아하지만

불량배들은 평생 우격다짐으로 밀어붙이고 살아간다.

3 신중한 말은 신중한 생활에 도움이 되지만
경솔한 말은 모든 것을 망가뜨릴 수 있다.

4 게으른 사람은 바라는 것이 많아도 이루는 것은 없고
역동적인 사람은 목표를 이룬다.

5 착한 사람은 거짓말을 싫어하지만
나쁜 사람은 아무 소리나 토해 낸다.

6 하나님께 충성하면 가는 길이 순조롭지만
죄는 악인을 궁지에 빠뜨린다.

7 허식과 허세의 삶은 공허하지만
소박하고 담백한 삶은 충만하다.

8 부자는 재산 때문에 고소를 당할 수 있지만
가난한 사람은 그럴 염려가 없다.

9 선한 사람의 삶은 불이 환히 켜진 거리지만
악한 사람의 삶은 어두운 뒷골목이다.

¹⁰ 무엇이든 아는 체하는 거만한 사람은 불화를 일으키지만
지혜로운 사람은 친구의 충고에 귀를 기울인다.

¹¹ 쉽게 얻은 것은 쉽게 잃지만
꾸준히 근면하게 살면 좋은 결실을 맺는다.

¹² 실망스러운 일이 이어지면 상심하게 되지만
갑자기 좋은 기회가 찾아와 인생이 역전될 수도 있다.

¹³ 하나님 말씀을 무시하면 고통을 겪게 되고
하나님의 계명을 귀히 여기면 부유하게 될 것이다.

¹⁴ 지혜로운 이의 가르침이 생명의 샘이니
죽음에 오염된 우물물은 더 이상 마시지 마라.

¹⁵ 바르게 생각하면 품위 있게 살게 되지만
거짓말쟁이의 인생길은 험난하다.

¹⁶ 양식 있는 사람은 건전한 판단을 내리지만
바보들은 방방곡곡에 어리석음을 뿌리고 다닌다.

¹⁷ 무책임한 보도는 상황을 혼란스럽게 만들지만
믿을 만한 기자는 치유를 가져다주는 존재다.

¹⁸ 훈계를 거절하면 거리에 나앉는 신세가 되고
책망을 받아들이면 존경받으며 살게 될 것이다.

¹⁹ 마음의 길을 따라가는 영혼은 잘되지만
악에 몰두하는 미련한 자는 영혼이 어떻게 되든 상관하지
않는다.

²⁰ 지혜로운 이와 동행하면 지혜롭게 되고
미련한 자와 어울리면 인생을 망친다.

²¹ 죄인은 재앙에 걸려 넘어지지만
하나님의 충성스러운 이들은 행복하게 산다.

²² 선한 삶은 자손 대대로 이어지지만
부정하게 얻은 재산은 결국 선한 이들의 몫이 된다.

²³ 가난한 사람은 은행에 농장을 빼앗기고
고약한 변호사에게 입던 옷까지 털린다.

²⁴ 아이를 꾸짖지 않는 것은 사랑하지 않는 것이니
사랑하거든 자녀를 훈육하여라.

²⁵ 선을 바라면 큰 만족이 찾아오지만

악인의 배는 채워질 줄 모른다.

지혜가 주는 유익

14

¹ 지혜는 아름다운 집을 세우지만
미련함이 와서 그 집을 철저히 무너뜨린다.

² 정직한 삶은 **하나님**께 영광이 되고
타락한 삶은 **하나님**을 모욕한다.

³ 경솔한 말은 비웃음을 사고
지혜로운 말은 존경을 부른다.

⁴ 소가 없으면 소출도 없으니
힘센 황소가 쟁기를 끌어야 풍성한 수확이 있다.

⁵ 진실한 증인은 거짓말을 하지 않지만
거짓 증인은 거짓말로 먹고산다.

⁶ 빈정거리는 자들은 여기저기 샅샅이 뒤져도 지혜를 찾지
못하지만
마음이 열린 이들은 문 앞에서 지혜를 발견한다.

⁷ 미련한 자들의 무리에서 빨리 빠져나와라.

공연히 시간을 허비하고 입만 아프다.

⁸ 지혜로운 이는 지혜 덕분에 인생이 순조롭지만
미련한 자는 미련함 때문에 궁지에 빠진다.

⁹ 어리석은 자는 옳고 그름을 따지는 것을 우습게 여기지만
도덕적인 삶이야말로 은혜를 입은 삶이다.

¹⁰ 어려움을 당한 친구들을 못 본 체하는 자는
그들의 좋은 일을 축하하는 자리에서 따돌림을 당할 것이다.

¹¹ 악한 짓을 일삼는 삶은 허물어져 가는 오두막이지만
거룩한 삶은 하늘로 우뚝 솟은 대성당을 쌓아 올린다.

¹²⁻¹³ 괜찮아 보이는 생활방식이라도
다시 들여다보면 지옥으로 직행하는 길이다.
잘 지내는 것처럼 보여도
그들의 모든 웃음은 결국 비탄으로 바뀐다.

¹⁴ 비열한 자는 비열함을 돌려받고
은혜를 베푸는 자는 은혜를 돌려받는다.

¹⁵ 어수룩한 사람은 듣는 말을 다 믿지만

신중한 사람은 무슨 말이든 면밀히 살피고 따져 본다.

16 지혜로운 사람은 행동을 조심하고 악을 피하지만
어리석은 사람은 고집불통에 무모하기까지 하다.

17 성미 급한 자들은 나중에 후회할 일을 하고
냉담한 자들은 나중에 냉대를 받는다.

18 어리석은 몽상가는 망상의 세계에서 살고
지혜로운 현실주의자는 발을 땅에 붙이고 산다.

19 결국에는 악이 선에게 공물을 바치고
악인이 하나님의 충성스러운 이들을 떠받들 것이다.

20 불운한 패자는 모두가 피하지만
승자는 모두가 좋아한다.

21 어려움에 처한 이웃을 모른 체하는 것은 범죄행위다.
가난한 사람들을 돕는 것은 실로 복된 일이다!

22 음모를 꾸미는 사람은 실패하고
사려 깊은 사람은 사랑과 신뢰를 얻는 것이 당연하지 않느
냐?

²³ 수고한 다음에야 이득이 생기는 법,
말만 해서는 식탁에 올릴 음식이 생기지 않는다.

²⁴ 지혜로운 이는 지혜를 쌓지만
어리석은 자는 날이 갈수록 미련해진다.

²⁵ 진실한 증인은 여러 사람을 구하지만
거짓말을 퍼뜨리는 자는 여러 사람을 해친다.

²⁶ **하나님**을 경외하면 자신감이 쌓이고
자녀들도 안전한 세상에서 살게 된다.

²⁷ **하나님**을 경외함은 생수의 샘이며
독이 든 우물물을 마시는 일을 막아 준다.

²⁸ 훌륭한 지도자에게는 충성스럽게 따르는 이들이 있지만
따르는 이 없이는 지도력도 부질없다.

²⁹ 좀처럼 성을 내지 않는 사람은 지혜가 깊어지지만
성미가 급한 사람은 어리석음이 쌓인다.

³⁰ 정신이 건강하면 몸도 튼튼하지만
감정을 주체하지 못하면 뼈가 썩는다.

³¹ 힘없는 이를 착취하는 것은 너를 만드신 분을 모욕하는
일이고
가난한 이를 친절히 대하는 것은 하나님을 공경하는 일이다.

³² 나쁜 사람은 제 악함 때문에 버림을 받지만
착한 사람은 선행으로 인해 안심하고 살 만한 곳을 얻는다.

³³ 지혜는 슬기로운 마음에 머물지만
어리석은 자에게는 인사도 받지 못한다.

³⁴ 하나님을 찾으면 나라가 강해지지만
하나님을 피하면 백성이 약해진다.

³⁵ 부지런히 일하면 열렬한 칭찬을 받지만
하는 둥 마는 둥 일하면 호된 질책을 받는다.

하나님은 단 하나도 놓치지 않으신다

15

¹ 부드러운 대답은 화를 가라앉히지만
가시 돋친 혀는 분노의 불을 지핀다.

² 지혜로운 이에게서는 지식이 샘물처럼 흘러나오지만
어리석은 자는 당찮은 소리가 줄줄 새는 수도꼭지와 같다.

3 **하나님**은 단 하나도 놓치시는 법이 없어
선인과 악인을 똑같이 살피신다.

4 친절한 말은 상처를 낫게 하고 회복을 돕지만
잔인한 말은 마음을 난도질하고 상하게 한다.

5 도덕에 무지한 자는 어른의 말을 듣지 않지만
건전한 판단력을 갖춘 사람은 책망을 기꺼이 받아들인다.

6 하나님께 충성하는 삶은 번성하지만
헛되이 보내는 인생은 이내 파산한다.

7 통찰력 있는 말은 지식을 전파하지만
어리석은 자는 속 빈 깡통이다.

8 **하나님**은 허울뿐인 종교행위를 참지 못하시지만
진실한 기도는 기뻐하신다.

9 **하나님**은 인생을 헛되이 보내는 자를 싫어하시고
결승선을 향해 힘껏 달려가는 이들을 사랑하신다.

10 하나님의 길을 떠나는 자들은 곤경에 처하고
하나님의 법규를 싫어하는 자들은 막다른 길에 이른다.

11 지옥도 속속들이 살피시는 **하나님**께서
사람의 마음을 읽지 못하시겠느냐?

12 똑똑한 체하는 사람은 남의 말 듣기를 싫어하고
지혜로운 사람들과 어울리지 않는다.

13 마음이 즐거우면 미소가 피어나지만
마음이 슬프면 하루를 버티기도 힘들다.

14 현명한 사람은 늘 더 많은 진리를 이해하고 싶어 하지만
미련한 사람은 일시적인 유행과 욕망에 만족한다.

15 마음이 괴로우면 삶이 괴롭지만
마음이 즐거우면 하루 종일 노래가 떠나지 않는다.

16 **하나님**을 경외하며 소박하게 사는 것이
골칫거리 가득한 부자로 사는 것보다 낫다.

17 사랑하며 빵조각을 나눠 먹는 것이
미워하며 최상급 소갈비를 뜯는 것보다 낫다.

18 불같은 성미는 싸움을 일으키지만
차분하고 침착한 성품은 싸움을 막아 준다.

¹⁹ 게으른 사람의 길은 가시덤불로 뒤덮이지만
부지런한 사람의 길은 평탄하다.

²⁰ 똑똑한 아이는 부모의 자랑이지만
게으른 학생은 부모의 망신거리다.

²¹ 머리가 빈 사람은 인생을 장난으로 여기지만
지각 있는 사람은 인생의 의미를 알고 잘 살아간다.

²² 유익한 충고를 거부하면 계획이 실패할 것이고
유익한 조언을 받아들이면 계획이 성공할 것이다.

²³ 마음에 맞는 대화는 참으로 즐겁다!
제때 나온 알맞은 말은 더없이 아름답다!

²⁴ 바른 생각을 하는 이의 인생은 하늘로 가는 오르막길이다.
지옥으로 가는 내리막길과는 정반대 방향이다.

²⁵ **하나님**은 오만한 자의 허세를 깨뜨리시고
설 자리가 없는 이들과 함께하신다.

²⁶ **하나님**은 악한 계략을 참지 못하시지만
품위 있고 아름다운 말은 돋보이게 하신다.

²⁷ 탐욕스럽게 움켜쥐는 사람은 공동체를 파괴하지만
착취하지 않는 사람은 자기도 살고 남도 살린다.

²⁸ 하나님께 충성하는 이들은 기도하고 답변을 내놓지만
악인의 입은 욕설을 쏟아내는 하수구다.

²⁹ **하나님**은 악인을 멀리하시지만
하나님께 충성하는 자들의 기도에 귀 기울이신다.

³⁰ 마음이 즐거우면 눈이 반짝이고
좋은 소식을 들으면 몸에 힘이 넘친다.

³¹ 잘살고 싶으면 유익한 훈계를 귀담아들어라.
지혜로운 이들에게 귀빈 대접을 받을 것이다.

³² 제멋대로, 제 뜻대로 행하는 삶은 보잘것없지만
하나님의 뜻에 순종하는 삶은 드넓게 펼쳐진다.

³³ **하나님**을 경외함은 삶의 진수를 가르치는 학교이니
먼저 겸손을 배우고 나중에 영광을 경험하게 된다.

성패는 하나님께 달렸다

16

¹ 사람이 정교한 계획을 세우지만
그 성패는 **하나님**께 달렸다.

² 사람은 겉모습만으로 만족하지만
하나님은 진실로 선한 것을 찾으신다.

³ **하나님**을 네 일의 책임자로 모셔라.
그러면 계획한 일이 이루어질 것이다.

⁴ **하나님**은 모든 것을 나름의 자리와 목적에 맞게 만드셨으니
악인은 바로 심판을 위해 지으셨다.

⁵ **하나님**은 오만과 허세를 참지 못하시니
건방진 자들이 제 분수를 알게 하실 것이다.

⁶ 사랑과 진실은 죄를 몰아내고
하나님을 경외함은 악을 멀리하게 해준다.

⁷ **하나님**께서 네 삶을 인정해 주시면
원수들도 너와 악수하게 될 것이다.

⁸ 바르게 살며 가난한 것이

부정하게 살며 부유한 것보다 훨씬 낫다.

⁹ 우리는 원하는 삶의 길을 계획하지만
그 계획대로 살 수 있게 하시는 분은 오직 **하나님**뿐이다.

¹⁰ 훌륭한 지도자는 사람들의 마음을 움직이며
그릇된 방향으로 이끌거나 착취하지 않는다.

¹¹ **하나님**은 일터에서의 정직함을 중요하게 여기시니
네 일이 바로 **하나님**의 일이다.

¹² 훌륭한 지도자는 모든 악행을 싫어한다.
건강한 지도력은 도덕적 토대에서 나온다.

¹³ 훌륭한 지도자는 정직한 말을 권장하고
진실을 말하는 조언자를 아낀다.

¹⁴ 난폭한 지도자는 사람들을 상하게 하니
그를 가까이하지 않는 것이 현명하다.

¹⁵ 온화한 지도자는 사람들에게 활기를 주니
그와 같은 사람은 봄비 같고 봄볕 같다.

¹⁶ 지혜가 돈보다 값지니 지혜를 얻어라.
소득을 얻는 것보다 통찰력을 얻는 것이 낫다.

¹⁷ 바르게 사는 길은 악과 만나지 않으니
조심해서 걸어가면 목숨을 건진다.

¹⁸ 교만하면 파멸하고
자만심이 클수록 호되게 추락한다.

¹⁹ 부자와 유명인들 사이에서 기분 내며 사는 것보다
가난한 이들 사이에서 겸손하게 사는 것이 낫다.

²⁰ 인생을 진지하게 생각하면 손해를 보지 않고
하나님을 신뢰하면 일이 잘 풀린다.

²¹ 지혜로운 사람은 통찰력으로 유명해지고
품위 있는 말은 평판을 높인다.

²² 참된 지성은 맑은 샘이다.
미련한 자는 진땀을 흘리며 생고생을 한다.

²³ 지혜로운 이들은 사리에 밝아서
말을 할 때마다 명성이 높아진다.

24 부드러운 말은 꿀송이 같아서
영혼에 달고 몸도 금세 활력을 얻는다.

25 문제가 없어 보이는 일이라도 다시 들여다보아라.
지옥으로 인도하는 길일 수도 있다.

26 식욕은 사람이 열심히 일하게 만들고
허기는 고된 일도 마다하지 않게 한다.

27 비열한 사람들은 비열한 험담을 퍼뜨리니
그들의 말은 쓰라리고 아프다.

28 말썽꾼들이 싸움을 일으키고
헐뜯는 말이 친구 사이를 갈라놓는다.

29 냉혹한 출세주의자는 친구를 배반하고
필요하면 친할머니라도 배신한다.

30 교활한 눈빛은 악한 의도를 드러내고
앙다문 입은 말썽을 일으킬 신호다.

31 백발은 하나님께 충성한 인생이 받는
상이요 훈장이다.

32 온화함이 완력보다 낫고
자제력이 정치권력보다 낫다.

33 의견도 내고 투표도 하여라.
그러나 결정은 **하나님**께서 하신다.

하나님은 우리 삶에서 귀한 것을 가려내신다

17

1 빵과 물로 만족하고 평화롭게 사는 것이
잔칫상을 차려 놓고 다투는 것보다 낫다.

2 지혜로운 종은 주인의 버릇없는 아이를 맡고
가문의 일원으로 존중을 받는다.

3 도가니가 은을, 선광용 냄비가 사금을 가려내듯
하나님은 우리 삶에서 귀한 것을 가려내신다.

4 악인들은 악의적인 대화를 즐기고
거짓말쟁이는 추잡한 험담에 귀를 기울인다.

5 가난한 사람을 조롱하는 것은 그를 창조하신 분을 모욕하
는 일이고
남의 불행을 고소해하는 것은 처벌받아야 할 죄다.

6 노인은 손주 덕에 고개를 들고
자식은 부모로 인해 자랑스럽게 된다.

7 사람들은 어리석은 자의 입에서 달변을 기대하지 않고
지도자의 입에서 거짓말을 기대하지도 않는다.

8 선물은 귀한 보석과도 같아서
어느 방향에서 보아도 아름다움이 빛을 발한다.

9 불쾌한 일을 눈감아 주면 우정이 돈독해지지만
모욕에 집착하면 친구를 잃는다.

10 미련한 사람의 머리를 쥐어박는 것보다
분별 있는 사람을 조용히 꾸짖는 것이 더 효과가 있다.

11 말썽거리만 찾아다니는 범죄자들은
머지않아 궁지에 몰리게 될 것이다!

12 어리석은 일에 골몰하는 미련한 사람을 만나느니
새끼 잃은 암곰을 만나는 것이 낫다.

13 선을 악으로 갚는 자들은
그 악을 되돌려 받게 될 것이다.

¹⁴ 다툼의 시작은 댐에 물이 새는 것과 같으니
싸움이 일어나기 전에 그만두어라.

¹⁵ 나쁜 사람을 두둔하는 것과 착한 사람을 헐뜯는 것 모두
하나님께서 몹시 싫어하시는 일이다.

¹⁶ 어찌된 일인가? 미련한 자들이 지혜를 사러 다니는구나!
지혜를 보아도 알아보지 못할 텐데!

¹⁷ 친구는 비가 오나 눈이 오나 서로를 한결같이 아끼고
가족은 어떤 어려움이 닥쳐도 똘똘 뭉친다.

¹⁸ 공짜로 무엇을 얻으려 하거나
갚지도 못할 거액의 청구서를 늘리는 것은 어리석은 일이다.

¹⁹ 죄를 사랑하면 곤경과 결혼하고
담을 쌓아 올리면 도둑이 찾아온다.

²⁰ 동기가 악하면 끝이 좋을 수 없고
겉 다르고 속 다른 말은 큰 곤경을 부른다.

²¹ 미련한 자식을 둔 부모는 불행하고
멍청이의 부모는 낙이 없다.

22 활달한 기질은 건강에 좋지만
우울한 생각은 사람을 녹초로 만든다.

23 악인은 몰래 뇌물을 받고
정의를 경멸한다.

24 통찰력 있는 이는 제 앞뜰에서 지혜를 얻고
미련한 자는 지혜가 곁에 있는데도 사방팔방 기웃거린다.

25 어리석고 못돼 먹은 자식은 아버지의 큰 근심이고
어머니의 쓰라린 고통이다.

26 선행을 처벌하거나
선량한 시민에게 죄를 뒤집어씌우는 일은 옳지 않다.

27 많이 아는 자는 말수가 적고
슬기로운 이는 침묵을 지킨다.

28 바보라도 침묵하면 지혜롭게 보인다.
입만 다물고 있어도 똑똑해 보인다.

말은 사람을 죽이기도 하고 살리기도 한다

18

¹ 자신만 챙기는 이기주의자들은
공공의 유익에 침을 뱉는다.

² 미련한 자는 사려 깊은 대화에 관심이 없고
입에서 나오는 대로 마구 지껄인다.

³ 악에는 수치가 뒤따르고
생명을 멸시하는 일에는 치욕이 뒤따른다.

⁴ 많은 말은 범람하는 강물처럼 세차게 흘러가지만
깊은 지혜는 용천수처럼 위로 솟구친다.

⁵ 범죄자를 너그럽게 봐주는 일이나
무고한 사람을 벌하는 일은 옳지 않다.

⁶ 미련한 자의 말은 싸움을 일으키니
그 입에 재갈을 물리는 것이 은혜를 베푸는 일이다

⁷ 미련한 자는 허풍을 떨다 망하고
자기가 뱉은 말이 자기 영혼을 짓누른다.

⁸ 험담에 귀 기울이는 것은 싸구려 사탕을 먹는 것과 같다.

그런 쓰레기를 정녕 뱃속에 넣고 싶으냐?

9 부주의한 습관과 엉성한 일처리는
파괴행위만큼이나 나쁘다.

10 **하나님의 이름**은 대피소이니
선한 사람이 그리로 달려가면 안전하다.

11 부자들은 재산이 자기를 지켜 준다고 생각하고서
그 뒤에 숨으면 안전할 줄 안다.

12 교만하면 추락하지만
겸손하면 명예가 뒤따른다.

13 다 듣기도 전에 대답하는 것은
어리석고 무례한 일이다.

14 정신이 건강해야 역경을 이겨 내는데,
정신이 꺾이면 무슨 일을 할 수 있겠는가?

15 지혜로운 이들은 늘 배우고
신선한 통찰에 귀를 기울인다.

¹⁶ 선물은 사람의 관심을 끌어
높은 사람의 주목을 얻게 한다.

¹⁷ 법정에 선 증인의 말이 옳은 듯해도
반대신문이 시작되면 사정이 달라진다!

¹⁸ 결정하기 어려운 사안을 만나면
제비라도 뽑아야 한다.

¹⁹ 부탁을 들어주면 영원한 친구를 얻게 된다.
그 결속을 끊을 만한 것은 없다.

²⁰ 과일이 배를 채워 주듯 맑은 마음을 만족케 하고
좋은 말은 풍성한 수확 같은 만족을 준다.

²¹ 말은 사람을 죽이기도 하고 살리기도 하니,
독으로 쓸지 열매로 삼을지 선택하여라.

²² 좋은 배우자를 찾은 자는 복된 삶을 찾은 자요
하나님의 은혜를 입은 자다!

²³ 가난한 이는 간곡한 말로 청하고
부유한 자는 호통치며 대답한다.

²⁴ 친구는 있다가도 없고 없다가도 있지만
진실한 벗은 가족처럼 곁을 지킨다.

훈계를 귀담아듣지 않으면

19

¹ 가난해도 정직하게 사는 것이
믿어 주는 사람 없는 부자가 되는 것보다 낫다.

² 지식 없는 열심은 무가치하고
서두르면 무리가 따른다.

³ 자기가 어리석어 제 삶을 망쳐 놓고는
어째서 하나님을 탓하는가?

⁴ 부유한 사람에게는 파리가 꿀에 꼬이듯 친구가 모이지만
가난한 사람은 역병처럼 기피대상이 된다.

⁵ 위증은 처벌을 면치 못한다.
거짓말쟁이를 그냥 놓아 보내겠느냐?

⁶ 너그럽게 베푸는 이 주위에는 사람이 많고
자선가에게는 모두가 친구다.

⁷ 주머니 사정이 나빠지면 가족도 피하고

절친한 친구도 외면한다.
네가 오는 것을 보고 눈길을 돌린다.
눈이 멀어짐은 마음이 멀어졌다는 뜻이다.

8 지혜로운 마음을 키우면 자신을 사랑하게 되고
냉철한 사고를 유지하면 훌륭한 삶을 얻을 것이다.

9 거짓말을 하는 자는 붙잡히고
헛소문을 퍼뜨리는 자는 파멸한다.

10 미련한 자가 호강하며 사는 것도 마땅하지 않은데
하물며 종업원이 사장에게 명령하는 것이랴?

11 똑똑한 사람은 입을 다물 줄 알고
통이 커서 용서하고 잊는다.

12 성질 나쁜 지도자는 미친개와 같고
인품 좋은 지도자는 상쾌한 아침이슬 같다.

13 어리석은 자식은 부모의 피를 말리고
바가지 긁는 배우자는 물이 새는 수도꼭지와 같다.

14 집과 토지는 부모에게서 물려받지만

마음이 맞는 배우자는 **하나님**께서 주신다.

¹⁵ 빈둥거리는 자의 삶은 무너지고
게으름뱅이는 배를 곯는다.

¹⁶ 계명을 지켜 목숨을 부지하여라.
경솔함은 사람을 죽인다.

¹⁷ 가난한 이에게 자비를 베푸는 것은 **하나님**께 꾸어 드리는
일이니
하나님께서 넘치도록 갚아 주신다.

¹⁸ 기회가 있을 때 자녀를 훈계하여라.
제멋대로 하게 내버려 두는 것은 그들을 망하게 하는 일이다.

¹⁹ 성난 사람은 제 스스로 뒷감당을 하게 하여라.
괜히 끼어들었다가는 상황만 악화시킨다.

²⁰ 유익한 훈계에 귀를 기울이고 질책을 받아들여라.
그것이 지혜롭게 잘사는 길이다.

²¹ 사람들은 계속 머리를 짜내 계획하고 선택하지만
오직 **하나님**의 뜻만이 이루어질 것이다.

²² 돈을 벌고 싶은 마음은 인지상정이지만
거짓말쟁이가 되는 것보다는 가난뱅이로 사는 것이 낫다.

²³ **하나님**을 경외하는 것은 생명 그 자체이며, 온전하고 평
온한 삶이다.
이런 사람에게는 뜻밖의 불미스러운 사태가 닥치지 않는다.

²⁴ 어떤 자들은 포크로 파이를 찍고도
너무나 게을러 입으로 가져갈 생각을 안 한다.

²⁵ 거만한 자에게 벌을 주어 본보기로 삼아라.
혹시 아느냐? 누군가 교훈을 얻게 될지.

²⁶ 부모에게 폭언을 퍼붓는 자식은
집안의 수치다.

²⁷ 아이야, 훈계를 무시하고 네 멋대로 탈선하면
어찌할 수 없는 상황에 처하게 될 것이다.

²⁸ 원칙 없는 증인은 정의를 훼손하고
악인의 입은 악의를 토해 낸다.

²⁹ 불경한 자는 고생을 해야 경외심을 배우고

미련한 자는 따귀를 맞아야 주의를 집중한다.

20 ¹ 포도주를 마시면 비열해지고, 맥주를 마시면 싸움질을 한다.
술에 취해 비틀대는 모습은 그다지 유쾌한 광경이 아니다.

² 성미 급한 지도자는 미친개와 같아서
그를 거스르면 불같이 화를 낸다.

³ 훌륭한 인품을 지닌 사람은 싸움을 피하지만
바보는 틈만 나면 싸움을 건다.

⁴ 봄에 씨를 뿌리지 않는 게으른 농부는
가을에 수확할 것이 없다.

⁵ 무엇이 옳은지 아는 것은 마음속 깊은 물과 같고
지혜로운 사람은 내면에서 그 샘물을 길어 올린다.

⁶ 충실하고 다정한 사람이 많다는데,
대체 어디를 가야 그런 사람을 찾을 수 있을까?

⁷ 하나님께 충성하여 정직하게 살면

후손의 삶이 훨씬 수월해진다.

8-9 자기 일을 잘 알고 성심껏 행하는 지도자는
허울뿐인 천박한 자와
늘 부지런하고 정직하여
신뢰할 만한 사람이 누구인지 날카롭게 살핀다.

10 가격표 바꿔치기와 비용 부풀리기,
이것은 모두 **하나님**이 미워하시는 짓이다.

11 젊은이의 동기가 정직한지는
그 행위로 드러난다.

12 듣는 귀와 보는 눈은
우리가 **하나님**께 받은 기본 장비다!

13 잠을 너무 좋아하면 가난하게 살지만
깨어 있으면 먹을거리가 생긴다.

14 물건을 살 때는 트집을 잡고 선심 쓰는 체하지만
산 다음에는 좋은 물건 싸게 샀다고 자랑한다.

15 아름다운 지식의 잔을 드는 것이

금과 보석으로 치장하는 것보다 낫다.

16 낯선 자에게 꾸어 줄 때는 반드시 담보물을 잡아라.
떠돌이의 물품을 담보로 잡을 때는 경계를 늦추지 마라.

17 훔친 빵은 달지만
그 입에는 조만간 자갈이 가득 찰 것이다.

18 조언을 듣고 계획을 세우고
최대한 도움을 받아 실행에 옮겨라.

19 험담꾼은 비밀을 지키지 않으니
입이 가벼운 사람 앞에서 속내를 털어놓지 마라.

20 부모를 저주하는 자식은
빛이 사라진 어둠 속에서 살게 된다.

사람의 발걸음은 하나님께 달렸다
21 처음에 크게 성공한다고 해서
끝까지 잘된다는 보장은 없다.

22 "가만두지 않겠다!"고 말하지 마라.
하나님을 기다려라. 그분이 갚아 주실 것이다.

²³ **하나님**은 시장에서 속이는 일을 미워하시고
조작된 저울에 격노하신다.

²⁴ 사람의 발걸음은 **하나님**께 달렸으니
우리가 어디로 갈지 어찌 알겠느냐?

²⁵ 충동적인 서원은 덫과 같아서
나중에 가면 벗어나기를 바라게 된다.

²⁶ 지혜로운 지도자는 찬찬히 살핀 뒤
반역자들과 멍청이들을 말끔히 쓸어버린다.

²⁷ **하나님**은 사람의 주인이시니
사람의 겉과 속을 다 들여다보고 살피신다.

²⁸ 사랑과 진실은 훌륭한 지도자의 덕목이고
정직과 자비는 튼튼한 지도력의 바탕이다.

²⁹ 젊음은 힘으로 칭찬받지만
노년은 백발로 영예를 얻는다.

³⁰ 체벌을 하려면 제대로 해야 악이 없어진다.
처벌은 사람의 깊은 곳까지 파고들기 때문이다.

하나님은 우리의 동기를 살피신다

21

¹ 훌륭한 지도력은 **하나님**이 조절하시는 수로와 같다.
그분의 목적에 따라 물길을 돌리신다.

² 우리는 겉만 살펴서 자신의 행동을 정당화하지만
하나님은 그 안의 동기를 살피신다.

³ 하나님 앞에서 깨끗하게 살고 이웃에게 정의롭게 행하는 것,
하나님은 이 두 가지를 종교의식보다 훨씬 중요하게 보신다.

⁴ 오만과 교만은 악인의 두드러진 특징이며
명백한 죄악이다.

⁵ 주도면밀하게 계획하면 결국 앞서 나가지만
서두르고 조급하면 멀찍이 뒤처진다.

⁶ 거짓과 속임수로 정상에 오른 자는
부질없는 높은 자리 하나 얻고 죽음으로 내몰린다!

⁷ 악인은 가진 것으로 남을 도울 줄 모르니
약탈한 재산에 깔려 생매장을 당한다.

8 동기가 불순하면 인생이 꼬이고
동기가 순수하면 곧은 길이 펼쳐진다.

최선을 다하고 최악의 상황에 대비하여라

9 대저택에서 바가지 긁는 배우자와 함께 사는 것보다
다 쓰러져 가는 오두막에서 홀로 사는 것이 낫다.

10 악인은 늘 범죄를 생각하고
친구와 이웃의 아픔을 헤아리지 못한다.

11 어리석은 자는 갖은 고생을 통해 배우고
지혜로운 이는 훈계를 경청하며 배운다.

12 하나님께 충성하는 사람은 악인을 꿰뚫어 보고
그들의 악한 계획을 무너뜨린다.

13 가난한 사람의 부르짖음에 귀를 막으면
네가 부르짖을 때 아무도 듣지 않고 대답하지도 않을 것이다.

14 조용히 건넨 선물은 화난 사람을 진정시키고
진심어린 선물은 거센 분노를 가라앉힌다.

15 정의가 승리할 때 착한 사람들은 기뻐하지만

악을 도모하는 사람들은 두려워 떤다.

16 곧고 좁은 길에서 떠난 사람은
죽은 자들과 함께 머물게 될 것이다.

17 스릴을 맛보는 데 중독되었는가? 얼마나 공허한 인생인지!
쾌락을 좇아 살면 만족을 모르게 된다.

18 나쁜 사람이 착한 사람을 해치려고 꾸민 음모는
결국 부메랑이 되어 음모를 꾸민 자를 쓰러뜨린다.

19 화 잘 내고 성질 급한 배우자와 사느니
광야에서 천막 치고 혼자 사는 것이 낫다.

20 지혜로운 사람은 집에 보물을 두고 안전하게 지키지만
어리석은 사람은 뒤뜰에 벼룩시장을 열고 보물을 다 팔아
버린다.

21 의와 자비를 추구하는 사람은
생명 자체, 영광스러운 생명을 얻는다!

22 무장 군인들이 지키는 도성에 현인 하나가 들어가자
그들이 믿었던 방어시설이 허물어졌다!

²³ 말을 조심하고 입을 다물라.
많은 재난을 면하게 될 것이다.

²⁴ 경솔한 자, 건방진 자, 불경한 자,
모두 자제할 줄 모르는 성급한 사람들이다.

²⁵ 게으른 사람은 집에만 가만히 있다가
끝내 굶어 죽는다.

²⁶ 죄인들은 못 가진 것을 갖기를 원하지만
하나님께 신실한 사람은 가진 것을 내어 준다.

²⁷ 악인의 종교의식은 추악하다.
성공을 위해 그것을 이용하면 더 추해진다.

²⁸ 거짓말하는 증인은 신뢰를 받지 못하지만
진실을 말하는 사람은 존경을 받는다.

²⁹ 부도덕한 사람들은 툭하면 허세를 부리지만
정직한 사람들은 발걸음이 당당하다.

³⁰ 제아무리 영리하고 기발한 구상으로 온갖 꾀를 내어도
하나님을 이기지는 못한다.

³¹ 최선을 다하고 최악의 상황에 대비하여라.
그리고 승리를 안겨 주실 **하나님**을 신뢰하여라.

22

¹ 좋은 평판이 벼락부자가 되는 것보다 낫고
넓은 도량이 은행에 쌓인 돈보다 낫다.

² 부유한 사람과 가난한 사람은 동등한 존재다.
하나님께서 그들 모두를 지으셨다!

³ 신중한 자는 문제를 미리 알고 피하지만
어리석은 자는 되는 대로 살다가 호되게 당한다.

⁴ 온유하고 **하나님**을 경외하는 사람은
재산과 영예와 만족스러운 삶을 보상으로 받는다.

⁵ 마음이 비뚤어진 자는 곳곳이 파인 진창투성이 위험한 도
로를 다닌다.
그 길로는 얼씬도 하지 않는 것이 좋다.

⁶ 자녀에게 올바른 길을 알려 주어라.
나이가 들어서도 길을 잃지 않을 것이다.

⁷ 가난한 사람은 부유한 자의 지배를 받으니
돈을 꾸어 그들의 종이 되지 마라.

⁸ 죄를 뿌리는 자는 잡초를 거둬들이고
분노에 차서 식식대며 위협해도 얻는 것이 없다.

⁹ 너그럽게 베푸는 손은 복을 받을 것이니
가난한 이에게 빵을 나누어 주기 때문이다.

¹⁰ 말썽꾼을 쫓아내야 사태가 진정되고
다툼과 불평에서 벗어날 수 있다.

¹¹ **하나님**은 마음이 깨끗하고 말씨가 좋은 사람을 사랑하신다.
훌륭한 지도자 또한 그와의 사귐을 기뻐한다.

¹² **하나님**은 지식을 열렬히 지키시지만
속임수에는 전혀 관여하지 않으신다.

¹³ 게으름뱅이는 이렇게 말한다. "바깥에 사자가 있다!
지금 나가면 산 채로 먹힐 것이다!"

¹⁴ 창녀의 입은 바닥 모를 구덩이다.
하나님과 사이가 틀어지면 그 구덩이에 떨어지게 된다.

15 젊은이는 어리석은 일과 일시적 유행에 빠지기 쉽다.
강인한 훈련을 통해서만 거기서 벗어날 수 있다.

16 가난한 사람을 착취하거나 부자에게 아양을 떠는 자는
결국 그로 인해 가난해질 뿐이다.

현인들의 서른 가지 교훈

17-21 내 지혜를 귀담아듣고
내가 가르치는 교훈을 마음에 새겨라.
그 내용을 달게 여겨 깊이 간직하면,
네 입으로도 그것을 거침없이 말하게 될 것이다.
하나님을 신뢰하는 것을 네 기초로 삼게 하고자
바로 여기 그 내용을 펼쳐 보인다.
내가 검증된 삶의 지침,
훌륭한 원칙 서른 가지를 알려 주겠다.
내 말을 믿어라. 이 유효한 진리들이
너를 보낸 사람들에게
대답할 수 있게 해줄 것이다.

1

22-23 가난을 이유로 가난한 이들을 짓밟지 말고
지위를 이용해 약자를 억압하지 마라.
하나님께서 그들을 지키러 오시리니,

네가 빼앗은 목숨을 네게서 **빼앗아**, 그들에게 돌려주실 것이다.

2

24-25 화내는 사람들과 어울리지 말고
성미 급한 자들과 함께 다니지 마라.
고약한 성미는 전염성이 강하니
영향을 받지 않도록 조심하여라.

3

26-27 무지개 끝에서 금단지 찾는 요행수를 바라지 말고
행운을 잡겠다고 집을 담보로 잡히지 마라.
빚을 청산해야 할 때가 오면
몸에 걸친 옷 하나 간신히 건질 것이다.

4

28 오래전 선조들이 세워 놓은
토지 경계표를 몰래 옮기지 마라.

5

29 일을 잘하는 사람들을 눈여겨보아라.
노련한 일꾼들은 찾는 사람이 많고 칭찬을 받는다.
그들은 누구에게도 밀리지 않는다.

6

23 ¹⁻³ 유력 인사와 바깥에서 저녁식사를 하게 되거든
예의 바르게 처신하여라.
게걸스럽게 먹거나
음식을 입에 넣은 채 말하지 마라.
과식하지 말고
식욕을 다스려라.

7

⁴⁻⁵ 부자가 되겠다고 자신을 혹사하지 마라.
자제하여라!
돈은 눈 깜짝할 사이에 사라지고,
재산은 날개를 퍼덕여
저 멀리 황야로 달아나 버린다.

8

⁶⁻⁸ 구두쇠에게 식사 대접을 받지 말고
특별한 대접을 기대하지도 마라.
그는 자기에게는 물론 너에게도 인색할 테니,
말로는 "먹게! 마시게!" 하여도 마음은 그렇지 않다.
그 인색한 접대에 그의 가식을 깨닫고 나면
네 속이 뒤집어질 것이다.

9

⁹ 미련한 자들에게 조리 있게 말하려고 애쓰지 마라.
그들은 네 말을 놀림감으로 삼을 뿐이다.

10

¹⁰⁻¹¹ 토지 경계표를 몰래 옮기지 말고
고아들을 속여 재산을 빼앗지 마라.
그들에게는 강력한 구원자가 계셔서
그들을 도와주실 것이기 때문이다.

11

¹² 엄정한 교훈을 받아들이고
검증된 지식에 귀를 기울여라.

12

¹³⁻¹⁴ 아이를 꾸짖기를 두려워 마라.
매질한다고 죽지 않는다.
매를 제대로 대면 죽음보다도 못한 상태에서
아이를 구해 낼 수 있다.

13

¹⁵⁻¹⁶ 아이야, 네가 지혜로워지면

부모인 내가 얼마나 기쁘겠느냐.
네 입에서 흘러나오는 아름다운 진리 가락에 맞춰
내가 노래하고 춤을 출 것이다.

14

17-18 하나님께 반역하는 경솔한 자들을 조금도 부러워 말고
하나님을 경외하는 일에 전심을 다하여라.
그 일에 네 미래가 있다.
하나님을 경외하면 네 삶 가득 가치 있는 것들로 채워질 것
이다.

15

19-21 아이야, 잘 듣고 지혜를 얻어라.
인생의 방향을 잘 잡아라.
술을 많이 마셔 취하는 일이 없게 하고
음식을 많이 먹어 뚱뚱해지는 일이 없게 하여라.
술꾼과 대식가는 빈민굴로 떨어지고
인사불성이 되어 누더기를 걸치게 된다.

16

22-25 너를 길러 준 아버지의 말씀을 경청하고
어머니가 나이 들어도 무시하지 마라.
진리를 사되 사랑이나 돈과 바꾸지 마라.

지혜와 교육과 통찰력을 사라.
부모는 자식이 잘되면 기뻐하고
지혜로운 자녀가 자랑스러운 부모가 된다.
그러니 아버지를 행복하게 해드리고
어머니를 뿌듯하게 해드려라!

17

[26] 아이야, 각별히 유의해서 들어라.
제발 내가 가르치는 대로 하여라.

[27-28] 창녀는 바닥 모를 구덩이다.
문란한 여자에게 끌려가면 심각한 곤경에 빠져 꼼짝달싹 못
할 수 있다.
그런 여자는 네 전 재산을 노리고 너를 받아들이니,
도둑 떼보다 더 악랄하다.

18

[29-35] 늘 우울해하는 자가 누구냐?
청승맞게 구는 자가 누구냐?
까닭 없이 폭행을 당하는 자가 누구냐?
눈이 흐릿하고 핏발이 선 자가 누구냐?
술병을 쥐고 밤을 보내는 자들,
음주가 본업인 자들이다.

술을 생각할 때는 상표나
향이나 깊은 맛이 아니라
마신 후에 남는 숙취, 곧 극심한 두통과
느글거리는 뱃속을 생각하여라.
사물이 둘로 보이고
혀가 꼬부라지고
비틀거리며 속이 메슥거리는 것이 정말 좋으냐?
"놈들이 때렸지만 하나도 안 아팠지.
날 쳤지만, 아무 느낌도 없었어.
술이 깨고 나면
또 한 잔 들이켜야지!" 하고 말하게 될 것이다.

19

24 ¹⁻² 나쁜 사람을 부러워 말고
그 근처에는 얼씬도 하지 마라.
그는 소란을 일으킬 생각만 하고
말썽을 일으킬 이야기만 한다.

20

³⁻⁴ 지혜가 있어야 집을 짓고
명철이 있어야 집을 튼튼한 기초 위에 세운다.
지식이 있어야 고급가구와 멋진 휘장으로
방을 꾸밀 수 있다.

21

5-6 지혜로운 것이 힘센 것보다 낫고
지성이 언제나 완력보다 낫다.
전쟁의 핵심은 전략이니
승리하려면 유익한 조언이 많이 필요하다.

22

7 어리석은 자는 지혜로운 대화를 전혀 이해하지 못하고
진지한 토론 자리에서 어찌할 바를 모른다.

23

8-9 악행만 꾸미는 자는
조만간 깡패두목이라는 평판을 얻는다.
미련한 자는 죄를 꾀하고
빈정거리는 자는 아름다운 것까지 모독한다.

24

10 위기에 처했다고 낙담한다면
처음부터 별 볼 일 없는 사람이었다는 뜻이다.

25

11-12 죽어 가는 이들을 구하여라.

주저 말고 뛰어들어 도우라.
"이봐, 내가 상관할 일이 아니네" 하고 말하면
그것으로 책임을 면할 줄 아느냐?
너를 면밀히 지켜보시는 분이 계시다.
그분께는 섣부른 변명이 통하지 않는다.

26

13-14 아이야, 꿀은 네 몸에 좋은 것이니 먹어라.
네 입에서 녹는 단것도 먹어라.
지식과 지혜도
네 영혼에 그와 같이 좋으니 섭취하여라.
그것을 얻으면 네 미래가 보장되고
네 희망이 견고한 반석 위에 놓이리라.

27

15-16 선한 사람의 삶을 방해하지 말고
그를 이기려 들지 마라.
아무리 쓰러뜨려도
하나님께 충성하는 사람은 오래 넘어져 있지 않고
다시 일어나며,
악한 사람은 넘어져 영영 일어나지 못하기 때문이다.

28

17-18 네 원수가 넘어질 때 웃지 말고
그가 쓰러질 때 기뻐하지 마라.
하나님께서 크게 불쾌하게 여겨
그의 곤경을 불쌍히 보실 것이다.

29

19-20 자랑꾼들 때문에 괴로워하지 말고
악인들처럼 성공하기를 바라지 마라.
그들에게는 미래가 없으며
막다른 길로 내달리고 있다.

30

21-22 아이야, **하나님**을 경외하고 지도자들을 존경하여라.
저항하거나 반항하지 마라.
반항하는 자의 인생은 느닷없이 뒤죽박죽이 될 수 있고
그런 일이 언제 어떻게 벌어질지 아무도 모른다.

현인들의 또 다른 교훈
23 불의에 동의하는 것은
잘못된 일, 대단히 잘못된 일이다.

24-25 악인의 죄를 덮어 주는 자는
역사책에서 냉정한 평가를 받지만,
악인의 죄를 폭로하는 이는
감사의 인사와 보상을 받는다.

26 정직한 답변은
따스한 포옹 같다.

27 먼저 밭에 씨를 뿌리고
그 다음에 곡간을 지어라.

28-29 이웃의 등 뒤에서 그 사람 이야기를 하지 마라.
부디 비방과 험담을 그쳐라.
"네가 내게 한 대로 갚아 주마.
네놈이 한 일에 대가를 치르게 해주마!" 하고 말하지 마라.

30-34 어느 날 늙은 게으름뱅이의 밭과
어느 얼간이의 포도밭을 지나치며 보니,
잡초는 웃자랐고
엉겅퀴가 무성하며 울타리는 모조리 부서져 있었다.
나는 그 모습을 오랫동안 쳐다보면서, 내가 본 것에 대해 생
각했다.
밭이 내게 설교를 하고 있었고 나는 귀를 기울였다.

"여기서도 자고, 저기서도 자자. 여기서도 하루 쉬고, 저기
서도 하루 쉬자.
편히 앉아 느긋하게 쉬자 하면 무슨 일이 닥치는지 아느냐?
바랄 것은 단 하나, 찢어지게 가난한 생활뿐이다.
가난이 네 영원한 식객이 되고 말 것이다!"

추가된 솔로몬의 잠언

25

¹ 이것도 솔로몬의 잠언으로,
유다 왕 히스기야의 율법학자들이 수집한 것이다.

² 하나님은 일을 숨기는 것을 기뻐하시지만
과학자들은 일을 밝혀내는 것을 기뻐한다.

³ 훌륭한 지도자의 이해력은
수평선과 대양처럼 넓고도 깊다.

4-5 은에서 불순물을 제거해야
은세공사가 품질 좋은 잔을 만들 수 있다.
악인을 지도부에서 제거해야
지도부의 권위가 신뢰를 얻고 하나님께 영광이 된다.

6-7 무리해서 세간의 주목을 끌지 말고
우격다짐으로 높은 자리에 올라가지 마라.

높은 자리에서 강등되는 모욕을 당하느니
낮은 자리에서 높은 자리로 승진하는 것이 낫다.

8 성급히 결론짓지 마라. 네가 방금 본 것에는
반드시 무슨 곡절이 있을 것이다.

9-10 말다툼을 하다 홧김에
남의 비밀을 들추어내지 마라.
말은 돌고 돌기 마련인지라
아무도 너를 믿지 않게 될 것이다.

11-12 제때 나온 알맞은 말은
맞춤 제작한 보석 같고,
지혜로운 친구의 때맞춘 책망은
네 손가락에 낀 금반지 같다.

13 말한 대로 행하는 믿음직한 친구는
찌는 듯한 더위에 마시는 냉수처럼 상쾌하기 그지없다!

14 말만 거창하게 하고 아무것도 내놓지 않는 사람은
뭉게뭉게 피어오를 뿐 비를 내리지 않는 구름과 같다.

15 끈기 있는 설득은 무관심을 깨뜨리고

부드러운 말은 견고한 요새를 무너뜨린다.

16-17 사탕 한 상자를 받더라도 한 번에 다 먹지 마라.
초콜릿을 너무 많이 먹으면 탈이 나는 법이다.
친구가 생기거든 너무 자주 찾아가서 밉보이지 마라.
시도 때도 없이 찾아가면 친구가 네게 진저리를 칠 것이다.

18 법정이나 거리에서 이웃에게 불리한
거짓말을 하는 사람은 요주의 인물이다.

19 곤경에 처했을 때 배신자를 믿는 것은
치주염이 있는 상태로 이를 악무는 것과 같다.

20 마음이 무거운 자 앞에서 밝은 노래를 부르는 것은
상처에 소금을 뿌리는 것과 같다.

21-22 네 원수가 굶주리고 있는 것을 보면 가서 점심을 사 주고
그가 목말라하면 음료수를 가져다주어라.
그는 네 관대함에 깜짝 놀랄 테고
하나님께서 너를 돌봐 주실 것이다.

23 북풍이 험악한 날씨를 몰고 오듯
헐뜯는 혀는 험악한 얼굴을 부른다.

²⁴ 대저택에서 바가지 긁는 배우자와 함께 사는 것보다
다 쓰러져 가는 오두막에서 홀로 사는 것이 낫다.

²⁵ 오랫동안 연락이 끊어졌던 친구가 보내온 편지는
지치고 목마를 때 마시는 냉수와 같다.

²⁶ 나쁜 사람에게 굴복하는 착한 사람은
흐려진 샘과 같고, 오염된 우물과 같다.

²⁷ 단것을 배부르게 먹는 것은 지혜롭지 못하고
영예를 지나치게 쌓는 것은 본인에게 좋지 않다.

²⁸ 자제력이 없는 사람은
문과 창이 다 떨어져 나간 집과 같다.

미련한 자는 어리석은 짓을 되풀이한다

26

¹ 미련한 자를 존경하는 것은
여름철에 눈을, 수확기에 비를 달라고 비는 것
과 같다.

² 까닭 없는 저주는 겁낼 것 없으니
참새가 날아가는 것, 제비가 날아드는 것에 불과하다.

³ 경주마에게는 채찍이, 요트에는 키 손잡이가,
미련한 자의 등에는 매가 필요하다!

⁴ 미련한 자의 어리석은 말에 응대하지 마라.
너도 똑같은 사람으로 보일 따름이다.

⁵ 미련한 자에게는 간결한 말로 대꾸해 주어라.
그래야 그가 자만하지 않는다.

⁶ 미련한 자를 시켜 소식을 전하면
낭패를 당한다.

⁷ 미련한 자가 읊어 대는 잠언은
불어 터진 면발처럼 축 늘어진다.

⁸ 미련한 자를 명예로운 자리에 앉히는 것은
대리석 기둥에 흙벽돌을 올리는 것과 같다.

⁹ 얼간이에게 잠언을 읊으라고 청하는 것은
주정뱅이의 손에 외과용 수술 칼을 들려 주는 것과 같다.

¹⁰ 미련한 자나 주정뱅이를 고용하면
제 발등을 찍게 된다.

11 개가 토한 것을 도로 먹듯
미련한 자는 어리석은 짓을 되풀이한다.

12 자기가 똑똑한 줄 아는 사람이 보이느냐?
그런 사람보다는 차라리 미련한 자에게 희망이 있다.

13 게으름뱅이는 "바깥은 위험해!
거리에 호랑이가 어슬렁거려!"라고 말하고
이불을 뒤집어쓴다.

14 게으름뱅이는 문짝이 돌쩌귀를 따라 돌듯
잠자리에 누워 뒹굴기만 한다.

15 의욕이 없는 게으름뱅이는 포크로 파이를 찍고도
너무나 게을러 입 속에 넣지 않는다.

16 몽상가는 자기가 최고인 줄 안다.
자기가 대학의 교수진보다 더 똑똑하다고 생각한다.

17 나와 상관없는 싸움에 참견하는 것은
미친개의 두 귀를 움켜잡는 일과 같다.

18-19 남을 의도적으로 속이고도 아무렇지도 않은 듯

"일부러 그런 거 아니야. 장난 삼아 그런 거지" 하고 말하는
사람은,
연기 나는 모닥불을 내버려 두고 떠나는
부주의한 야영자보다도 못하다.

²⁰ 장작이 떨어지면 불이 꺼지고
험담이 그치면 싸움도 잦아든다.

²¹ 논쟁에서 다투기 좋아하는 사람은
불에 끼얹은 등유와 같다.

²² 험담을 귀담아듣는 것은 싸구려 사탕을 먹는 일과 같다.
그런 쓰레기를 뱃속에 넣고 싶으냐?

²³ 악한 마음에서 나오는 듣기 좋은 말은
갈라진 질그릇 위에 바른 유약과 같다.

²⁴⁻²⁶ 네 원수가 절친한 벗처럼 너와 악수하고 인사를 하지만
속으로는 너를 해칠 음모를 꾸민다.
그가 듣기 좋은 말을 하더라도 믿지 마라.
그는 네 것을 빼앗을 기회만 노리고 있다.
그가 제아무리 교묘하게 악의를 감추어도
결국 공공연히 드러나게 될 것이다.

²⁷ 악의는 역효과만 내고
앙심은 부메랑이 되어 돌아온다.

²⁸ 거짓말쟁이는 상대를 미워하고
아첨꾼은 신뢰를 파괴한다.

너는 내일 일을 모른다

27
¹ 내일 할 일을 성급하게 알리지 마라.
내일 무슨 일이 있을지 전혀 모르지 않느냐.

² 남이 너를 칭찬하게는 하여도
네 입으로 너를 칭찬하지는 마라.

³ 미련한 자를 참고 견디는 일에 비하면,
통나무를 어깨에 진 채
바위를 들어 올리는 것쯤은
아무것도 아니다.

⁴ 분노가 사람을 폭발하게 하고 격분이 우리를 삼킨다지만
질투 앞에서 살아남을 자가 누구인가?

⁵ 표현하지 않는 칭찬보다는
말로 하는 책망이 낫다.

⁶ 사랑하는 사람에게 받은 상처는 그만한 가치가 있지만
원수의 입맞춤은 사람을 다치게 한다.

⁷ 배부르게 먹은 뒤에는 후식을 거절하지만
굶주리면 말 한 마리라도 먹어 치울 수 있다.

⁸ 정착하지 않고 여기저기 떠돌아다니는 사람은
둥지 없이 떠도는 새와 같다.

⁹ 로션과 향수가 감각에 기쁨을 주듯
끈끈한 우정은 영혼을 상쾌하게 한다.

¹⁰ 네 친구나 부모의 친구를 저버리고
힘들 때 친척 집으로 달려가지 마라.
가까운 친구가
먼 친척보다 낫다.

¹¹ 아이야, 지혜를 깨우쳐 나를 행복하게 해다오.
그러면 앞으로 무슨 일이 닥치더라도 나는 동요하지 않을
것이다.

¹² 신중한 자는 문제를 미리 알고 피하지만
어리석은 자는 되는 대로 행하다가 호되게 당한다.

¹³ 낯선 자에게 꾸어 줄 때는 반드시 담보물을 잡아라.
떠돌이의 물품을 담보로 잡을 때는 경계를 늦추지 마라.

¹⁴ 이른 아침에 친구를 깨우며
"정신 차리고 일어나!" 하고 소리치면
축복이 아니라 듣기 싫은
저주로 들릴 것이다.

¹⁵⁻¹⁶ 바가지 긁는 배우자는
똑똑똑 물이 새는 수도꼭지와 같다.
잠글 수도 없고
거기서 벗어날 수도 없다.

얼굴은 마음을 비춘다
¹⁷ 철이 철을 날카롭게 하듯
친구가 친구를 날카롭게 한다.

¹⁸ 과수원을 돌보면 열매를 얻고
고용주를 존중하면 네가 존중을 받는다.

¹⁹ 물이 얼굴을 비추듯
얼굴은 마음을 비춘다.

²⁰ 지옥의 식욕은 채워지지 않고
탐욕은 그칠 줄 모른다.

²¹ 은금의 순도는
불에 넣어 보면 알 수 있고,
사람의 순수함은
조금만 이름이 나면 알 수 있다.

²² 미련한 자는 아무리 찧어도
그 미련함이 벗겨지지 않는다.

²³⁻²⁷ 양을 세세히 살피고
가축 떼를 정성껏 보살펴라.
(그것들을 당연하게 여기지 마라.
알다시피 재산은 늘 있는 것이 아니다.)
곡식이 무르익으면
수확물을 창고에 들여라.
양털로 스웨터를 짜고
염소를 내다 팔아 수입을 얻어라.
우유와 고기가 가득하니
너의 집 식구가 겨울을 날 수 있을 것이다.

하나님의 법을 사랑하면

28

¹ 악인은 쫓는 사람이 없어도
가책을 느끼고 불안해 달아날 준비를 하지만,
정직한 사람은 느긋하고 당당하며 사자처럼 담대하다.

² 나라가 혼란에 빠지면
다들 나라를 안정시킬 계획을 내놓지만,
상황을 바로잡으려면
진정한 이해력을 갖춘 지도자가 있어야 한다.

³ 가난한 이를 압제하는 악인은
우박을 동반해 수확물을 쓰러뜨리는 폭풍과 같다.

⁴ 하나님의 법을 저버리면 악행을 얼마든지 받아들이게 되지만
하나님의 법을 사랑하면 그 법을 지키고자 필사적으로 싸운다.

⁵ 악인은 정의를 이해하지 못하지만
하나님을 찾는 사람은 정의를 속속들이 안다.

⁶ 가난해도 곧은 길을 걷는 것이
부유하면서 굽은 길을 걷는 것보다 낫다.

⁷ 하나님의 법을 실천하면 지혜롭다는 평판을 얻고

제멋대로 된 무리와 어울리면 가문의 수치가 된다.

⁸ 속임수와 강탈로
원하는 만큼 부자가 된다 해도,
결국에는 가난한 이들의 친구가 와서
그 모두를 그들에게 되돌려 줄 것이다.

⁹ 하나님은 그분의 말씀을 듣지 않는 자의 기도를
싫어하신다.

¹⁰ 선한 사람을 그릇된 길로 이끄는 자는
끝이 좋지 못하나,
선을 행하면 보상을 받을 것이다.

¹¹ 부자는 자기가 모든 것을 안다고 생각하지만
가난한 사람들은 그 속을 꿰뚫어 본다.

¹² 착한 사람이 승진하면 모든 면에서 좋지만
나쁜 사람이 책임자가 되거든 조심하여라!

¹³ 죄는 눈가림으로 넘어갈 수 없다.
죄를 인정하고 버려야 불쌍히 여김을 받는다.

¹⁴ 인정 많은 사람은 복을 받고 살지만
몰인정한 사람은 고달프게 산다.

¹⁵ 사자가 으르렁대고 곰이 달려든다.
가난한 사람들 위에 군림하는 악인이 이와 같다.

¹⁶ 통찰력 없는 지도자들 사이에는 권력 남용이 넘쳐나지만
부패를 미워하는 사람의 미래는 밝다.

¹⁷ 살인자는 죄책감에 시달리다
죽을 운명이다. 그를 도울 길이 없다.

¹⁸ 바른 길을 걸으며 제대로 살면 구원을 받지만
바른 길에서 벗어난 삶은 결국 죽음에 이른다.

¹⁹ 과수원을 일구면 먹을 것이 넉넉해지지만
놀고 즐기면 빈 접시만 남는다.

²⁰ 마음을 다해 꾸준히 일하면 성과를 올리지만
속히 부자가 되려고 하다가는 사기를 치게 된다.

²¹ 한쪽만 편드는 것은 언제나 나쁜 일이다.
별것 아닌 것처럼 보이는 방식으로 큰 해를 끼칠 수 있다.

²² 부자가 되는 데만 눈이 팔린 구두쇠는
자기가 결국 무일푼이 될 줄을 모른다.

²³ 알랑대며 아첨하는 사람보다 진지하게 꾸짖는 사람이
나중에 고맙다는 말을 듣는다.

²⁴ 아버지와 어머니의 것을 훔치고도
"그게 뭐 어때서?"라고 말하는 자는
해적만도 못하다.

²⁵ 욕심 많은 사람은 하는 일마다 말썽이지만
하나님을 신뢰하면 행복이 찾아온다.

²⁶ 모든 것을 안다고 생각하는 자는 정말로 미련하다.
남에게 지혜를 배우는 사람이 끝까지 살아남는다.

²⁷ 가난한 사람에게 너그럽게 베풀면 굶주리지 않지만
그들의 어려움을 못 본 체하면 저주의 세례가 쏟아질 것이다.

²⁸ 부패한 자들이 세력을 잡으면 선한 사람들은 지하로 숨지만
악인들이 쫓겨나면 안심하고 다시 나올 수 있다.

29

¹ 훈계를 싫어하고
갈수록 고집을 부리는 자들에게는
인생이 무너지고 파멸하는 날이 닥칠 것이다.
하지만 그때는 이미 늦어 그들을 도울 길이 없다.

² 선한 사람이 다스리면 모두가 기뻐하지만
통치자가 악하면 모두가 신음한다.

³ 지혜를 사랑하면 부모를 기쁘게 하지만
창녀와 눈이 맞아 달아나면 부모의 신뢰를 저버리게 된다.

⁴ 건전한 판단력을 갖춘 지도자는 안정을 제공하지만
착취하는 지도자가 지나간 자리에는 폐허만 남는다.

⁵ 아첨하는 이웃은 못된 일을 꾀한다.
아마도 너를 이용할 계략을 꾸미고 있을 것이다.

⁶ 악한 사람은 자신이 파 놓은 함정에 빠지고
선한 사람은 다른 길로 달아나 위험에서 벗어난 것을 기뻐
한다.

⁷ 인정 많은 사람은 가난한 사람의 처지를 알지만
몰인정한 사람은 전혀 모른다.

⁸ 빈정거리는 자들은 도시를 온통 들쑤셔 놓지만
현인들은 모든 이들의 마음을 달랜다.

⁹ 미련한 자와 꼬인 문제를 해결하려는 현인은
그 수고로 인해 조롱과 비아냥거림을 듣는다.

¹⁰ 살인자는 정직한 사람을 미워하지만
양심적인 사람은 정직한 사람을 격려한다.

¹¹ 미련한 자는 제멋대로 지껄이지만
현인은 곰곰이 생각한다.

¹² 사장이 악의적인 험담에 귀를 기울이면
모든 직원이 악해진다.

¹³ 가난한 사람과 그를 학대하는 자 사이에도 공통점은 있다.
둘 다 앞을 볼 수 있다는 것. 그들의 시력은 **하나님**의 선물이
다!

¹⁴ 목소리를 내지 못하는 가난한 이들을 공평하게 대할 때
지도력이 권위를 얻고 존경을 받는다.

¹⁵ 현명한 훈계는 지혜를 주지만

버릇없이 자란 사춘기 청년은 부모를 난처하게 만든다.

16 타락한 자들이 권력을 잡으면 범죄가 활개를 치지만
결국에는 의인이 그들의 몰락을 지켜보게 된다.

17 자녀들을 훈계하여라. 그들과 같이 사는 것이 기쁜 일이
될 것이기 때문이다.
훈계로 자녀를 키운 것을 흐뭇하게 여기게 될 것이다.

18 하나님이 행하시는 일을 보지 못하는 백성은
서로 뒤엉켜 고꾸라지고 말지만,
하나님의 계시에 주목하는 백성은
큰 복을 받는다.

19 일꾼들이 규칙을 지키게 하려면 말만으로는 안된다.
그들은 한 귀로 듣고 한 귀로 흘려버리기 때문이다.

20 생각 없이 말하는 자들을 보라.
바보라도 그들보다는 사정이 나을 것이다.

21 사람들이 너를 하찮게 여기도록 하면
나중에는 아예 없는 사람 취급할 것이다.

²² 화를 잘 내는 자는 갖가지 불화를 일으키고
무절제한 자는 말썽을 일으킨다.

²³ 교만하면 꼴사납게 고꾸라지고
겸손하면 존경을 받는다.

²⁴ 무법자와 친구가 되는 것은
자기 자신과 원수가 되는 일이다.
법정에서 피해자들의 호소에 귀를 막는 겁쟁이가 된다면
그들이 울부짖으며 토해 내는 저주가
네게도 쏟아질 것이다.

²⁵ 사람의 평가를 두려워하면 옴짝달싹 못하게 되지만
하나님을 신뢰하면 그 길에서 벗어날 수 있다.

²⁶ 다들 지도자의 도움을 받으려 하지만
우리에게 정의를 베푸실 분은 **하나님**뿐이다.

²⁷ 선한 사람은 계획적인 악행을 참지 못하지만
악한 사람은 빼어난 선행을 견디지 못한다.

야게의 아들 아굴의 어록

30
1-2 회의론자가 선언했다. "하나님은 없어!
없다고! 내가 원하는 것이면 난 무엇이든 할 수
있어!
나는 사람보다는 짐승에 가깝지.
인간의 지성 따위와는 거리가 멀어.

3-4 나는 '지혜'에 낙제점을 받았다.
거룩한 신이 있다는 증거가 보이지 않는다.
누가 그의 모습을 본 적 있는가?
누군가 하늘로 올라가 세상을 장악하던가?
그가 바람을 제어하던가?
땅에 내릴 비를 양동이에 모으던가?
땅 끝까지 소유권 표시를 하던가?
그의 이름을 말해 다오. 그 아들들의 이름을 알려 다오.
자, 어서 말해 다오!"

5-6 믿는 자가 대답했다. "하나님의 약속은 모두 참되고
당신께로 달려가 도움을 구하는 모든 이들을 지켜 주신다.
그러니 그분의 생각을 어림짐작하지 마라.
그분이 너를 꾸짖으시고 네 거짓말을 드러내실 것이다."

7-9 그런 다음 그는 이렇게 기도했다. "하나님, 제가 죽기 전에

두 가지를 간구하오니, 물리치지 마십시오.
제 입술에서 거짓말을 쫓아내시고
제 앞에서 거짓말쟁이들을 쫓아내 주십시오.
더도 덜도 말고
생활에 필요한 만큼의 양식을 주십시오.
제가 너무 배부르면, 제 힘으로 그렇게 된 줄 알고서
'하나님? 누가 그분이 필요하대?' 하고 말할 것입니다.
또한 제가 가난하면, 도둑질을 하여
하나님의 이름을 욕되게 할까 두렵습니다."

¹⁰ 직장 동료들을 뒤에서
헐뜯지 마라.
그들은 네가 음흉한 사람이라고 비난할 테고
그 말은 사실이 될 것이다!

¹¹ 아버지를 저주하지 말고
어머니를 축복하기를 게을리하지 마라.

¹² 몇 주 동안 목욕을 안 했다면
자기 모습이 봐줄 만할 것이라고 생각하지 마라.

¹³ 잘난 체하지 말고

남보다 낫다고 생각하지 마라.

14 무자비하고 잔인한 늑대처럼
탐욕을 부리지 마라.
그들은 가난한 이들에게 달려들어 마음껏 뜯어먹고
빈곤한 이들을 갈가리 찢어서 내버린다.

15-16 거머리에게 쌍둥이 딸이 있으니
그 이름은 "줘"와 "더 줘"이다.

배부른 줄 모르는 것 네 가지

세상에는 만족을 모르는 것이 셋,
아니, "충분합니다. 감사합니다!" 하고 말하는 법이 없는 것
이 넷 있다.

  지옥
  아기 못 낳는 태
  바싹 마른 땅
  산불.

❦

17 아버지를 멸시하고
어머니를 업신여기는 눈은,

야생 독수리가 뽑아내고
새끼 독수리가 먹어 버린다.

이상한 것 네 가지

18-19 놀라운 것이 셋,
아니, 내가 이해할 수 없는 것이 넷 있다.

　독수리가 하늘 높이 나는 법
　뱀이 바위 위를 기어 다니는 법
　배가 바다를 항해하는 법
　사춘기 청소년이 멋대로 구는 이유.

❦

20 매춘부가 일하는 방식도 이해할 수 없기는 마찬가지다.
손님과 잠자리를 같이하고 나서
목욕을 하고는
이렇게 묻는다. "다음 차례는 누구?"

참을 수 없는 것 네 가지

21-23 세상이 도저히 감당할 수 없는 것이 셋,
세상의 기초를 뒤흔드는 것이 넷 있다.

　수위가 사장이 되는 것

미련한 자가 부자가 되는 것
창녀가 '올해의 여성'으로 뽑히는 것
애인이 정숙한 아내의 자리를 대신하는 것.

작으면서도 경이로운 것 네 가지

24-28 작으면서도
너무나 지혜로운 생물이 넷 있다.

연약하지만
겨울을 나기 위해 먹이를 모아들이는 개미
힘은 없지만
바위에 든든한 집을 마련하는 다람쥐
우두머리 없는 곤충이지만
군대처럼 들판을 쑥대밭으로 만드는 메뚜기
붙잡기 쉽지만
경비대의 삼엄한 경계를 뚫고 왕궁을 몰래 드나드는 도마뱀.

고귀한 것 네 가지

29-31 위엄 있고 고귀한 것이 셋,
행동거지가 인상 깊은 것이 넷 있다.

어떤 것 앞에서도 물러서지 않는 백수의 왕 사자
당당하고 의젓하게 걷는 수탉

숫염소
위풍당당한 행렬 속에 있는 국가원수.

³²⁻³³ 네가 모욕하는 말과 무례한 몸짓으로
남의 이목을 끄는 어리석은 짓을 했다면,
누군가가 네 코피를 터뜨려도 놀라지 마라.
우유를 저으면 버터가 되듯
화를 부추기면 주먹다짐을 하게 된다.

르무엘 왕의 어록

31
¹ 르무엘 왕의 어록
곧 그의 어머니가 그에게 남긴 훌륭한 교훈이다.

²⁻³ "내 아들아, 무엇을 생각하느냐!
내가 낳은 아이야! 내가 하나님께 바친 아들아!
재산을 노리는 여자들,
지도자를 파멸시키는 문란한 여자들에게 네 힘을 쏟지 마라.

⁴⁻⁷ 지도자에게는 포도주를 마시고 맥주를 들이키며
바보짓을 할 여유가 없다.
그랬다가는 곤드레만드레 취해 옳고 그름을 분간하지 못하
게 되어,

지도자를 믿고 의지하는 백성이 다치게 된다.
포도주와 맥주는 산송장이나 다름없는
말기 환자의 고통을 가라앉히고
통증을 완화시키는
진정제로만 써라.

8-9 자기 사정을 알릴 힘이 없는 사람들,
어렵고 힘든 이들의 권리를 대변하여라.
정의를 대변하여라!
가난한 이들과 궁핍한 이들을 대변하여라!"

훌륭한 아내에게 바치는 찬가

10-31 훌륭한 아내는 찾기 어려울 뿐더러
다이아몬드보다 더 가치가 있다.
남편은 아내를 전폭적으로 신뢰하고
그 신뢰에 대해 후회할 일은 생기지 않는다.
아내는 남편에게 악의를 품지 않고
평생 그를 너그럽게 대한다.
최상품 털실과 무명실을 찾아
시장을 누비고,
뜨개질과 바느질을 좋아한다.
아내의 모습은 먼 지역으로 항해하여
이국적이고 진기한 상품들을 가져오는 무역선을 연상시킨다.

동트기 전에 일어나 가족을 위해
아침식사를 준비하고, 하루 일과를 계획한다.
밭을 잘 골라 구입한 뒤
아껴 둔 돈으로 정원을 일군다.
아침부터 일할 채비를 하고
소매를 걷어붙이고 열심히 움직인다.
자기 일의 가치를 알기에
서둘러 하루 일과를 마치는 법이 없다.
집안에 필요한 여러 일들을 능숙하게 해내고
게으름을 피우지 않는다.
어려운 사람을 보면 재빨리 돕고
가엾은 이를 모르는 체하지 않는다.
가족의 겨울옷을 미리 수선해 놓아
눈이 와도 걱정이 없다.
자신의 옷은
화려한 아마포와 비단으로 손수 지어 입는다.
남편은 시의 원로들과 함께 심의하며
크게 존경을 받는다.
아내는 겉옷을 만들어 팔고
손수 짠 스웨터를 옷가게에 가져간다.
아내의 옷은 질이 좋고 우아하다.
또한 아내는 언제나 미소를 머금고 내일을 맞이한다.
말할 때는 귀담아들을 말만 하고

늘 친절한 어조를 유지한다.
집안 사람 모두를 늘 살펴
각자 부지런히 자기 일을 해내도록 돕는다.
자녀들이 어머니를 존경하고 축복하니
남편도 합세하여 이렇게 칭송한다.
"훌륭한 일을 한 여인들이 많지만
당신은 그 누구보다 뛰어나구려!"
매력이 사람을 현혹하고 아름다움은 금세 사라지지만,
하나님을 경외하며 사는 여인은
칭송과 칭찬을 받는다.
마땅히 받아야 할 찬사를 아내에게 돌려라!
아내의 인생을 칭찬으로 꾸며 주어라!